À QUOI ÇA RIME ?

Recueil de poèmes

À QUOI ÇA RIME ?

Recueil de poèmes

Sébastien Scharle

ISBN: 9782322388400
Dépôt légal : Décembre 2021
© 2021, Sébastien Scharle
Édition : BoD – Books on Demand
12/14 rond-point des Champs-Élysées, 75008 Paris
Impression : BoD - Books on Demand, Norderstedt, Allemagne

Merci à vous tous qui m'encouragez chaque jour à donner le meilleur de moi-même.

Vous êtes ma force, mon inspiration.

Sébastien Scharle

Avant-propos

Petite présentation

    La poésie incarne à mes yeux une féerie des mots. Ils s'accordent pour restituer des textes hors du commun qui nous permettent de rêver, voyager, réfléchir et même vaciller. J'aime parfois me servir de la poésie pour transmettre des messages ou sensibiliser sur des sujets qui me tiennent à cœur.

    La poésie représente une discipline noble. L'harmonie parfaite des mots offre un plaisir pour les yeux et pour les oreilles lorsque le texte est lu à voix haute.

    Je n'ai aucunement la prétention de me déclarer poète. Je ne peux décemment pas me comparer aux plus grands poètes de l'histoire de la littérature.
    Je me décrirais plus comme un amateur, un passionné de l'écriture. Je me plais à créer de beaux textes en imaginant l'émotion qu'il vous procurera.

    Dans ce manuscrit, j'ai essayé de dégager des thèmes récurrents dans lesquels j'ai regroupé tous mes petits poèmes.

    Je vous remercie du fond du cœur de vous être procuré ce recueil et je vous souhaite, d'ores et déjà, une excellente lecture. Merci pour votre immense soutien.

J'espère que vous apprécierez ce voyage au pays magique des mots. Installez-vous confortablement, attachez votre ceinture, nous décollons pour rejoindre le monde fantastique de la poésie.

Les premiers poèmes vous décriront ma passion pour l'écriture et la poésie. Vous découvrirez le tout premier poème que j'ai écrit lorsque j'étais en CE1. Mon texte avait eu le privilège d'être lu par ma maîtresse devant toute la classe. Oui, je m'en rappelle encore, même si c'est bien loin désormais.

Sébastien Scharle

Écriture, ma passion

Elle s'est invitée dans ma vie, sans préavis, sans que je ne puisse le prévoir.
Clairement, nous cultivons une réelle amitié pour vivre notre histoire.
Responsable de mes créations, tu nous as unis pour inventer des destinées.
Irrésistible, je me languis de toi, lorsque l'inspiration vient à m'abandonner.
Tellement fidèle, nous avons tissé une relation fusionnelle, c'est merveilleux.
Un jour heureux, tu partages avec moi mon bonheur, par tes mots chaleureux.
Réconfortante, lorsque j'éprouve de la tristesse, tu parviens à calmer mes pleurs.
Encourageante, tu me guides avec bienveillance et ôtes mes doutes et mes peurs.

Mais que ferais-je sans toi ? Nous vivons constamment dans le dialogue.
Attentive à mes angoisses, tu te comportes comme mon psychologue.

Pour moi, nous écrivons à deux. Face à la page blanche, je te sais à mes côtés.
Avec toi, je me sens tellement fort pour écrire de fabuleux romans et épopées.
Sensible à la beauté des mots, tu m'inspires dans les poèmes aux vers lyriques.
Si tu n'es pas satisfaite du texte, tu n'hésites pas à te montrer très critique.
Intransigeante, tu me forces à écrire et réécrire, tu me hisses vers l'excellence.
On peut légitimement affirmer que nous nous vouons une mutuelle confiance.
Nous sommes liés pour l'éternité. Je te remercie infiniment pour ta présence.

Les plus grands poètes

Si je détenais le talent de Charles Baudelaire,
Je t'épaterai avec mon riche vocabulaire.

Si j'utilisais le langage de Jacques Prévert,
Je t'écrirai des poèmes d'amour en vers.

Si j'avais la plume soutenue d'Arthur Rimbaud,
Mes poésies t'illumineraient comme des flambeaux.

Si je possédais le verbe de Paul Verlaine,
Je qualifierai tes yeux de porcelaine.

J'incarne seulement un petit auteur sans prétention,
Qui se contente de te plaire, en attirant ton attention.

Moi, tout simplement

Si j'étais poète,
Chaque phrase décrirait une immense fête.

Si j'étais auteur,
Chaque page procurerait du bonheur.

Si j'étais romancier,
Chaque chapitre incarnerait une gourmandise de pâtissier.

Si j'étais écrivain,
Chaque livre se transformerait en un nectar divin.

Mais je suis juste Sébastien,
Un simple passionné d'écriture, c'est déjà bien.

Mon premier poème de CE1

J'aimerais être un oiseau,

Pour faire mon nid sur un roseau.

J'aimerais être un hibou,

Pour faire : hou ! Hou ! Hou !

Mais je ne suis qu'un pauvre petit diable,

Qui trotte sous la table.

Mon premier poème lorsque j'ai repris l'écriture en 2018

Tu fixais froidement mes larmes,

Ton regard agissant comme une arme.

Malgré les incessantes vagues de souffrances,

L'avenir me submergera d'inoubliables réjouissances.

Premier recueil

Qui suis-je ?

Mes grands-parents

Introduction

J'ai poussé mon premier cri un samedi matin, un certain 9 juin 1979. Mon père, ou plutôt mon géniteur, a marqué ma vie par son absence. Mais bon, je ne suis pas là pour régler mes comptes. D'une part, ça ne servirait à rien. D'autre part, ce serait lui donner une importance qu'il ne mérite pas.

Par conséquent, mon grand-père maternel incarnait ma référence masculine. Malheureusement, son âme s'est envolée pour toujours lorsque j'avais neuf ans, à neuf jours de mon anniversaire, en 1989 (le chiffre 9 a toujours été marquant au cours de ma vie).

Plus de trente ans après sa mort, je reste marqué par notre forte relation.

Le poème, qui suit juste après, est un hommage issu des entrailles de mon cœur meurtri par son absence. J'ai ressenti une immense douleur lors de l'écriture de ce texte particulier. J'ai versé des larmes en le relisant car de nombreux souvenirs ont ressurgi. La tristesse d'une complicité brisée trop tôt me hante toujours, telle une blessure inguérissable.

Ma mamie, décédée en 2009, a également marqué ma vie. Mes grands-parents, de nouveau réunis au ciel, resteront ancrés à tout jamais dans mon cœur. Je sais que je commets des erreurs et que parfois je les déçois mais je me bats chaque jour pour qu'ils soient fiers de moi.

Il me semblait inconcevable de ne pas leur offrir quelques pages dans cet ouvrage qui contient certains secrets de mon existence.

Mon papi

Je n'avais malheureusement pas de père,
Tu représentais pour moi mon seul et unique repère,
Tu me racontais avec émotion la guerre,
Tu es mon héros dont je suis tellement fier.

Je venais te voir deux fois par semaine,
Te serrer dans mes bras ôtait mes peines,
Te savoir mort me procure de la haine,
C'est comme si on avait rompu une chaîne.

Tu t'es envolé un mercredi de mai pour toujours,
Mon cœur et mon esprit depuis sont lourds,
Personne ne pourra me retirer cet amour,
Et cette complicité développée chaque jour.

Cela fait désormais plus de trente ans que tu es parti,
De ton absence, je ne me suis jamais remis,
Tu me manques tellement mon très cher papi,
Tu resteras à jamais l'homme qui a marqué ma vie.

Lorsqu'à mon tour mon âme quittera ces lieux,
Je sais que nous nous retrouverons dans les cieux,
En attendant cet instant, j'aime lever mes yeux,
Devinant que tu veilles sur moi d'un regard chaleureux.

Mon papi.
Henri Monier (24/07/1918 - 31/05/1989).

Ton absence

Ton absence souffle comme le vent,

Sur ma peau, je le ressens,

Comme une caresse virtuelle,

Pour soulager un vide éternel.

Ta présence glisse sur ma chair,

Mais ne te remplace pas, être cher.

Je ne distingue pas ton ombre,

Juste une respiration sombre.

Tu me manques chaque matin,

Et rien n'atténuera ce chagrin.

Papi et mamie pour toujours

Éternellement, je ressentirai votre absence,

C'est comme si je subissais une carence.

J'aimais tellement jouer en votre présence,

À ma vie, vous donniez du sens.

Vous m'avez accompagné depuis ma naissance,

Marquant à l'encre indélébile mon enfance,

Ces souvenirs, chaque jour j'y pense.

Malgré cette douleur, je sais qu'il faut que j'avance,

Vous avoir eu comme grands-parents était une chance.

Parfois, j'essaie d'entendre vos voix dans le silence.

Vous restez dans mon cœur pour perpétuer notre alliance,

Je vous aime d'un amour immense.

Ma vie de père

Introduction

L'absence de père dans mon enfance m'a convaincu de briser cette trahison que j'assimile à une malédiction. Je savais que je ne deviendrais pas un père parfait mais je me suis promis de donner à mes enfants tout l'amour paternel dont j'ai été privé.

Je dédie ce poème à mes enfants. Je leur demande pardon si je n'ai pas toujours été le meilleur père. Mais, sachez que je vous aime profondément et ça ne changera pas. Je serai toujours là pour vous et pour vous aider à franchir les épreuves qui joncheront le chemin de votre destin.

J'ai notamment imaginé une conversation avec ma première fille sur l'enfance. Vous découvrirez un poème chaleureux et touchant à deux voix.

Être père

Avoir la chance d'être appelé « papa »,
Ça ne se revendique absolument pas.
Le seul fait d'avoir agi en simple géniteur,
Ne t'ouvre pas les portes de mon cœur.

Assumer la lourde responsabilité de père,
Va bien au-delà des beaux cadeaux offerts.
C'est être présent dans la vie quotidienne,
Et enseigner les valeurs qui conviennent.

Aujourd'hui j'endosse ce rôle avec bonheur,
Je ne commettrai pas les mêmes erreurs,
Je ne veux pas gâcher cette chance de roi,
De me faire appeler chaque jour « papa ».

Une lourde responsabilité

Je rêve d'être un bon père,

De former avec mes enfants une belle paire,

Même si parfois dans mes erreurs je me perds.

L'enfance

Papa, j'aimerais tellement être une adulte pour avoir mon indépendance.
Ma fille, je voudrais retourner en enfance pour retrouver mon insouciance.
Papa, pourquoi les adultes sont-ils toujours préoccupés par des soucis ?
Ma fille, comment fais-tu pour savoir profiter aussi pleinement de la vie ?

Papa, je trouve ça franchement nul d'être un enfant.
En plus, l'école, ce n'est pas toujours très marrant,
Dès que je rentre à la maison, je dois faire mes devoirs,
Je suis obligée de me coucher tôt presque tous les soirs.
Mais toi, tu as la chance de passer tes soirées devant la télé,
À regarder des films que j'aurais probablement appréciés.
Tu m'interdis tout un tas de choses que je trouve excitantes,
En me prétextant des excuses bidons. Je ne suis pas contente.

Ma fille, je comprends tes nombreuses et légitimes frustrations,
Tu es dans la période de ta vie où tu révises toutes tes leçons.
Mais sache que l'apprentissage se fait à n'importe quel âge.
Dans mon métier, par exemple, je suis formé au cours de stages.
Tu sais, j'aimerais parfois m'endormir en même temps que toi,
Mais les soirées restent le rare moment où je pense un peu à moi.
Ne vois pas de la méchanceté quand je te reprends sur tes erreurs,
J'essaie de faire de toi une adulte qui procurera, autour d'elle, du bonheur.

Ma fille, profite de ton enfance, tu verras, ça ne durera pas,
Pendant que je savoure mon immense joie d'être ton papa.

Ma vie couleur métisse

Introduction

Je partage ma vie avec une femme d'origine togolaise. Je prône la tolérance des couleurs et le métissage me fascine depuis ma plus tendre enfance. L'Afrique incarne un continent magique à mes yeux.

Vous devinerez aisément que je déteste le racisme et les discriminations raciales. Je publie régulièrement des textes dénonçant ces pensées que j'estime préhistoriques. Le monde se dit évolué. Il faut le prouver en stoppant ces traitements intolérables. Une couleur de peau est un détail du corps humain, comme la couleur des yeux ou des cheveux, la taille, la pilosité…

Les poèmes qui suivent rendent hommage à ma première année de mariage, au métissage et à la fraternité des peuples.

<u>Anniversaire de mariage</u>

Il y a déjà un an que nous nous sommes dit oui,
Pour suivre, main dans la main, le chemin de notre vie.
On a tellement souffert pour parvenir à se marier,
Que chaque jour qui passe est un jour béni et savouré.

On a bravé des tempêtes que peu auraient surmontées,
Et je le dis avec énormément de franchise et d'humilité.
Certains ont tenté de nous mettre des bâtons dans les roues,
Mais, grâce à Dieu, nous avons toujours su tenir le coup.

Nous avons édifié au quotidien un couple en béton,
Car nous avons posé les indispensables fondations.
Quand on s'est connus, je vivais dans la tourmente,
Tu m'as aidé à me reconstruire en étant patiente.

Tu es ma femme, ma sœur, ma meilleure amie,
Notre complicité nous permet de rester unis.
Tu m'as offert deux merveilleuses princesses,
Une magnifique famille pleine de tendresse.

Je suis fier de pouvoir t'appeler ma femme,
Tu remplis de joie ma vie et toute mon âme.
Tu es à mes yeux la plus ravissante des fleurs,
Je t'aime infiniment et de tout mon cœur.

Sébastien et Gisèle : 29 septembre 2018.

<u>Le métissage</u>

Le monde et les mentalités n'ont cessé d'évoluer.
Les différents peuples de notre planète se sont harmonisés.
Le chacun chez soi, dans son pays, relève des temps anciens.
Le mélange des peuples est ancré dans notre quotidien.

Vous qui critiquez les couples vivant dans la mixité,
Vous effectuez chaque jour des actions métissées.
Tel le peintre qui sélectionne des couleurs avec son pinceau,
Pour dessiner et donner vie à de magnifiques tableaux.
Tel le cuisinier qui se trouve face à ses nombreux ingrédients,
Qu'il unit pour concocter des menus élaborés et alléchants.
Tel le chef d'orchestre avec ses instruments de musique,
Qu'il harmonise pour restituer des compositions lyriques.

Le métissage est l'union de personnes de couleurs opposées,
Désirant partager leurs cultures et leurs particularités.
Vivre cette aventure est à mes yeux une inestimable richesse,
Car je suis le père de magnifiques métisses, mes princesses.

La fraternité

Quelle que soit notre couleur de peau,
Nous sommes tous des êtres égaux,
N'en déplaise à certains réfractaires,
Qui mènent stupidement cette guerre.

La diversité de peau est une richesse,
Qui engendre des conflits, quelle tristesse !
Il est temps de faire évoluer les mentalités,
Et prôner de belles valeurs de fraternité.

Que l'on soit blanc, noir, jaune, métis,
Le racisme n'est qu'un amas d'immondices.
Il y a tellement de problèmes plus critiques,
Que de se battre pour une apparence physique.

Quelle que soit l'origine que la vie t'a donnée,
Tu es ma sœur, mon frère, tu ne peux contester.
Oublions nos stupides querelles dépassées,
Comportons-nous comme des êtres évolués.

Vive la fraternité.

Mes plus grandes peurs

Introduction

Je peux affirmer sans aucune réserve que deux grandes phobies hantent mon esprit. Pourquoi éprouver de la honte ? Même si elles se distinguent par un côté irrationnel et inexplicable, je les assume complètement.

Certes, leur consacrer les prochaines pages leur donne de l'importance, mais il s'agit surtout pour moi de conjurer et de dédramatiser ces peurs.

La première concerne la « mort ». Vous aurez beau vous évertuer à me marteler que la mort est un passage pour un autre monde, elle m'effraie. Tout ce que l'on a construit, durant de longues années, disparaît en une fraction de seconde. J'ai toujours ces pensées chaque matin qui hantent mon esprit « Et si ce jour était le dernier ? ». « Reverrais-je ma femme et mes enfants ce soir ? ».

Il faut profiter de chaque instant, j'en suis conscient. Malheureusement, je ne peux lutter. Rassurez-vous, je savoure la bénédiction d'avoir la chance d'obtenir chaque jour un nouveau sursis dans le long chemin de mon existence.

Un premier poème parle de la mort. Je mens légèrement en la toisant mais c'est une manière de la désacraliser. Ensuite, un deuxième poème évoque la réaction face à une crainte de mourir demain.

Ma deuxième phobie est relative à un animal maudit par

Dieu : le serpent. Je perds complètement mes moyens face à ce reptile rampant. Même derrière les vitres d'un parc zoologique ou d'un écran de télévision, je me mets à trembler. Les trois poèmes consacrés à cet animal décrivent cette phobie, dont un avec une certaine dérision.

La mort

Toi, la mort

Ton arrivée sonne pour annoncer le terminus,
Notre parcours s'achève comme on descend du bus.
Tu demeures une étape de la vie inéluctable,
Ta sentence devient alors irrémédiable et implacable.

Nul ne peut échapper au pouvoir de ton jugement,
Tu rattrapes inlassablement les plus récalcitrants.
Tu inspires des sentiments de craintes et évoques le pire,
Tu séduis lâchement les êtres désespérés qui te désirent.

Fourbe et imprévisible, tes cachettes sont infinies,
Tu guettes constamment tes victimes avec envie.
Tu t'incrustes sans préavis et sans invitation,
Tu oses même frapper jusque dans nos maisons.

Pourtant, de toi, disent les plus sages,
Que tu ne représentes qu'un simple passage,
Une frontière à franchir pour un autre univers,
Où nous retrouverons nos sœurs et nos frères.

Je n'éprouve aucune peur envers toi, ô la mort,
Je me suis préparé à te rencontrer et me sens fort.
Lorsque viendra le moment d'abandonner mon corps,
Mon esprit et mon âme perdureront toujours et encore.

Si je devais mourir demain

Si je devais mourir demain,
J'aimerais contempler une dernière fois ton regard inondé de chaleur,
Te serrer dans mes bras et sentir le rythme des battements de ton cœur,
Te dire à quel point tu as éclairé, de ta lumière, mon tortueux chemin,
Te remercier d'avoir marché avec moi, chaque jour, main dans la main.

Si je devais mourir demain,
Je voudrais vous faire ressentir mon immense fierté d'être votre père,
Vous dire que j'ai fait de mon mieux pour vous donner des repères,
Vous rassurer que je garderai toujours, sur vous, un œil bienveillant,
Que mon amour pour vous est inestimable et infini comme l'océan.

Si je devais mourir demain,
Je voudrais vous remercier d'avoir pu vous compter parmi mes amis,
De m'avoir soutenu dans les épreuves affrontées au cours de ma vie.
Vous ne vous êtes jamais cachés, lorsque j'ai sollicité votre secours,
Nous avons partagé de bons moments, je ne regrette pas mon parcours.

Si je devais mourir demain,
Mais en fait, en y réfléchissant, vais-je vraiment mourir demain ?
La vie se poursuit et je vais continuer à me lever chaque matin,
Savourer le temps béni passé aux côtés des personnes aimées,
Sans me soucier du lendemain. Aimons-nous pour l'éternité.

Les serpents

Ma plus grande phobie

Tu incarnes ma plus grande phobie,

Et ce n'est pas parce que Dieu t'a maudit,

Ton nom seul me procure immédiatement des frissons,

Tu rôdes dans mes cauchemars, tu hantes ma raison.

Je crains toujours de te croiser au travers d'un chemin,

J'ai si peur de toi, je ne l'explique pas, c'est inhumain.

La panique que tu me communiques, je ne peux la maîtriser,

Même dans un zoo, je ne parviens pas à te regarder.

Ton sifflement réveille mes angoisses les plus profondes,

Ton mouvement ondulatoire me fait fuir en une seconde.

Toi, l'infâme serpent,

Animal de mes tourments.

Serpents en dérision

Tu t'apparentes à un vulgaire tuyau d'arrosage.

Dépourvu de pattes et d'ailes, tu as la rage.

Alors, tu te venges en me procurant de la peur.

Ta place se situe dans les films d'horreur.

Sérieux, tu ne ressembles vraiment à rien,

Et pourtant, inexplicablement, je te crains.

Allez, va te cacher espèce de spaghetti géant !

Et que ma phobie disparaisse en te raillant.

Serpents en anagramme

PRÉSENT devant moi, se dresse le sinistre SERPENT,
PREMIER de mes cauchemars, ma peur ne fait qu'EMPIRER.
ALIMENTER mes angoisses est ta volonté TERMINALE,
ENNEMI de mes pensées, cette phobie reste MIENNE.
SOMBRE animal, tu es originaire du pays des OMBRES,
GÂCHER ma vie est ton plaisir et tu reviens à la CHARGE.
OBTENIR mon respect ? Deviens un tuyau sur un ROBINET.

Ma vie à l'armée

Introduction

J'ai consacré vingt ans de ma vie à l'armée active. Au départ, je dois avouer que ce n'était pas une vocation d'enfance, mais plutôt un choix par défaut pour m'assurer un métier rapidement et être indépendant financièrement. Ça n'a pas toujours été facile, mais au final j'ai passé de formidables années à servir la France. J'ai voyagé, rencontré des personnes inoubliables, je me suis découvert et j'ai compris que je pouvais réaliser beaucoup de choses dont je me pensais incapable.

Je dois énormément à l'armée et je lui en serai éternellement reconnaissant. J'ai appris à me dépasser et j'ai expérimenté les bienfaits de la solidarité et de l'entraide.

Le 24 juillet 2020 (date anniversaire de la naissance de mon grand-père, hasard ?), j'apprenais que j'avais réussi le concours de catégorie B dans la fonction publique et que l'aventure au sein de la plus belle institution du pays s'achevait. Mais c'était un choix, car j'avais besoin de découvrir un nouvel univers. Je n'ai pas quitté le monde militaire fâché mais avec la fierté du parcours accompli.

Le premier poème rend honneur à cette profession hors du commun et qui mérite le plus grand respect de ma part. L'armée m'a fait homme. Parfois, quand je vois certains jeunes d'aujourd'hui, je suis convaincu que le service militaire d'autrefois leur ferait du bien. Mais cette réflexion n'engage que moi.

Le deuxième poème est un hommage à l'un de mes amis décédés en mission en République de Côte d'Ivoire, le 6 novembre 2004. Franck, je ne pouvais pas ne pas te donner une place dans ce recueil, car ton sacrifice doit rester gravé à jamais.

Adieu l'armée

Elle m'a fait acquérir de la maturité,

L'ARMÉE.

Elle m'a appris à me responsabiliser,

L'ARMÉE.

Elle m'a permis de me surpasser,

L'ARMÉE.

Elle m'a donné le privilège de voyager,

L'ARMÉE.

Elle m'a offert de belles amitiés,

L'ARMÉE.

Elle m'a fait vivre vingt incroyables années,

L'ARMÉE.

Ancrée en moi, jamais je ne pourrais l'oublier,

L'ARMÉE.

Franck Duval

Le 6 novembre 2004 a clôturé ton existence,

Tombé au champ d'honneur pour la France,

Victime du triste bombardement de Bouaké,

Ta mort m'a terriblement marqué.

Je ne peux oublier ta gentillesse,

Jamais une parole qui blesse.

Ton dernier mot à mon égard était « à dans 3 jours »,

La veille à Abidjan, mais tu es parti pour toujours.

Je n'imaginais pas un adieu,

Que tu rejoindrais les cieux.

Chaque 6 novembre, je me remémore ton sacrifice,

Et je pense à tes parents qui ont perdu un fils.

Tu resteras éternellement dans mon cœur,

J'admire ta bravoure et ton sens de l'honneur.

Repose en paix mon frère d'armes.

Brigadier-chef Franck Duval,

Mort à Bouaké (Côte d'Ivoire) le 6 novembre 2004.

Deuxième recueil

La nature

Introduction

La nature, sous toutes ses formes, me subjugue. Elle est une véritable source d'inspiration pour mes poèmes. Elle me sert souvent de métaphore pour exprimer certaines de mes créations écrites.

Tout petit déjà, je collectionnais des fiches sur les animaux et je regardais avec passion les émissions du commandant Cousteau. La mer me fascine. Les mystères qu'elle recouvre me font rêver et fantasmer. La mer renferme une multitude d'histoires tragiques et des secrets dissimulés à des profondeurs abyssales.

Les poèmes que vous allez découvrir utilisent notre si belle nature comme décor ainsi que les animaux. Préparez-vous à voyager à travers des paysages sublimes (et souvent maltraités) que regorge notre planète. J'en profite pour vous sensibiliser sur le respect que la nature mérite et qu'elle ne s'est jamais aussi bien portée que pendant le confinement causé par la pandémie de la COVID-19. Certes, la nature demeure fragile, mais n'oublions jamais qu'elle est puissante et indomptable pour l'homme.

La nature

Fascinante par son côté mystérieux,
Elle renferme des secrets fabuleux.
Elle est notre bien le plus précieux.
Ne pas la respecter serait injurieux.

La nature est un trésor magnifique,
J'aime admirer sa magie féérique,
Elle détient des pouvoirs fantastiques,
Elle inspire le monde artistique.

J'adore son côté de contradiction.
Fragile par la bêtise des populations,
Elle subit les affres de la pollution.
Pourtant, elle est puissante tel un lion.

La nature est sensible et possède une âme.
Elle mérite la considération, cette belle dame.
Si nous voulons éviter le courroux de sa lame,
Aimons-la, pour que brûle toujours sa flamme.

Respect à la nature

Elle est belle et pure.

Elle invite à vivre l'aventure.

Elle est parfaite, aucune rature.

Elle se pare de couleurs et rayures.

Elle nous permet d'avoir de la nourriture.

Elle n'aime pas qu'on lui assène des blessures.

Elle veut simplement qu'on la respecte. Elle, la nature.

<u>Ma chère planète</u>

Ma chère planète,
Je te demande pardon.
Les hommes s'entêtent,
À te laisser à l'abandon.

Tu agonises, c'est dramatique,
Accablée par une fièvre brûlante,
Nommée réchauffement climatique.
Ne deviens pas une étoile filante.

Tu nous as offert le cadeau de la vie,
En avons-nous réellement conscience ?
Tu n'assureras pas éternellement notre survie,
Tu perds, petit à petit, ta brillance.

Ma très chère Terre,
Notre nid douillet, notre maison,
Pardon, nos irresponsabilités t'enterrent.
Que nous puissions agir avec raison.

Le soleil

Soleil généreux,

Brillant devant mes yeux,

Illuminant les cieux.

Sentir tes rayons chaleureux,

Caresser mes cheveux.

Tu as le pouvoir de nous rendre heureux.

Soleil capricieux

Où te caches-tu, merveilleux soleil ?

Plongé dans un profond sommeil,

J'attends impatiemment ton réveil.

Je me languis de ton apaisante chaleur,

Serais-tu devenu un paresseux d'ampleur ?

Les quelques rayons visibles sont un leurre.

Reviens vite me caresser délicatement la peau,

Oblige-moi à me protéger avec un chapeau.

L'été bien installé, il t'appartient de dicter le tempo.

Tempête de neige

Majestueuse tempête de neige,

Le soleil te perçoit comme un sacrilège,

Mais tu es enivrante comme un sortilège,

Magique comme un scintillant manège.

Sur la terre ferme, tu t'installes et sièges,

Les conducteurs imprudents, tu pièges,

Les habitants, dans leurs maisons, tu assièges.

Les batailles de boules de neige révèlent les stratèges.

Admirer tes flocons demeurera toujours un privilège.

Les volcans

D'intenses vibrations agitent la paisible terre,

La nature montre sa puissante et irrésistible colère,

Les hauts sommets de la montagne explosent,

Les versants avoisinants meurtris implosent.

La soudaine éruption assombrit les cieux,

Et défie les hommes les plus audacieux.

La lave se répand sans craindre aucun obstacle,

Malgré les dégâts, les volcans offrent un beau spectacle.

Les arbres

Vous colorez la Terre par de verts paysages,
Arborant fièrement de magnifiques feuillages,
Évoluant majestueusement au gré des saisons.
Le printemps nous égaye par vos floraisons,
L'été, vous nous protégez des chaleurs accablantes,
L'automne, tombent vos feuilles tremblantes,
L'hiver, la neige recouvre vos branches nues.
Depuis des siècles, ce cycle se perpétue.

Malgré le respect que chaque homme doit vous vouer,
La maltraitance à votre égard est un véritable danger,
Qui menace la survie et la préservation de l'humanité.

Tu es surnommée le poumon de la Terre,
Tu veilles sur les hommes telle une mère,
Tu es si merveilleuse ma belle Amazonie,
Ton nom résonne comme une symphonie.
Alors qu'en cendres se réduisent tes arbres,
Ton avenir n'est plus gravé dans le marbre.
La sève coule comme des larmes sur les écorces,
Nous implorant de réagir en unissant nos forces.

Les fleurs

J'effleure,

Ces fleurs,

Qui affleurent.

Ce jasmin,

 Carmin.

Cette rose,

Virtuose.

Cette pâquerette,

Coquette.

Cette jacinthe,

Sacro-sainte.

Aimons ces fleurs,

Aux multiples couleurs.

Fleur des champs

Jolie petite fleur,

Princesse des champs,

Tu resplendis de mille couleurs.

Mais, arrachée par un passant,

Qui ne perçoit pas ta douleur,

Tu achèves ta vie en fanant.

Les mystères de l'océan

L'océan dissimule les plus grands mystères,

Tellement d'espèces inconnues s'y terrent,

Des navires et trésors y reposent tel un cimetière,

Des histoires tragiques se sont achevées sous la mer.

L'océan abrite de nombreuses civilisations englouties,

Les terres sous-marines ont grondé et les ont ensevelies,

Il engendre des catastrophes destructives, les tsunamis.

L'océan me fascine, par ses secrets, ses énigmes de la vie.

Impitoyable océan

Ils abandonnèrent femmes et enfants,

À bord d'un magnifique galion imposant.

Ils voguèrent, le cœur rempli d'espoir,

Contemplant l'horizon en quête de gloire,

De précieuses marchandises et de trésors fabuleux.

Mais, la nature grondait, offrait un ciel nébuleux.

Telle une flèche, la foudre cherchait à frapper le navire,

Les vagues se déchaînèrent, jusqu'à qu'il chavire.

Le bateau sombra dans les profondeurs de l'océan,

Entraînant l'équipage éternellement dans le néant.

Aujourd'hui encore, l'épave repose en paix,

Errant dans les abysses avec ses secrets.

La plage

Je l'aime depuis mon plus jeune âge,
Cet endroit que l'on appelle la plage.
Dans mes rêves, j'imagine ce paysage,
Où je me mets à la quête de coquillages.

J'adore ressentir son caractère sauvage,
Les vagues se déchaînent lors des orages,
Comme si on libérait des lions en cage,
Les nageurs imprudents sont pris en otage.

Je ne supporte pas qu'on la saccage,
Même si tous les vacanciers se la partagent,
Après de longues heures d'embouteillages,
Je l'aimerai toujours et jusqu'à mon plus vieil âge.

La magie de la plage

Coucher de soleil à l'horizon,

Magnifique à chacune des saisons.

Les vagues s'échouent en douceur,

Avec la grâce d'un danseur.

Le sable humide glisse sous nos orteils,

Le bruit de la mer caresse nos oreilles.

La plage possède quelque chose d'unique,

La plage demeure un lieu magique.

Plage de rêve

Allongé sur une somptueuse plage de sable fin,

Apaisé par le bruissement de l'écume et son parfum,

Bercé par le ballet incessant du cri des mouettes,

Me prélasser sur cette plage, c'est tout ce dont je souhaite.

Le corps complètement enduit de crème solaire,

Bien loin des longues soirées de l'hiver polaire.

Ma peau bronzée, il est temps de plonger dans les vagues,

Car la magnifique couleur bleue de la mer me drague.

La falaise

Frontière naturelle entre la terre et la mer,

Elle surplombe les vagues éphémères.

Façonnée par le temps et la nature,

Elle porte les stigmates de ses blessures,

Frappée par les puissantes déferlantes,

Harcelée par les rafales incessantes.

Cette falaise, j'aime tellement l'arpenter,

Malgré ses terribles chemins escarpés,

Théâtre absolu de tous les dangers,

Elle offre pourtant un spectacle privilégié.

<u>Le vent</u>

Insaisissable, il esquive tous les obstacles,

Invisible, il se donne pourtant en spectacle,

Ébranlant tous les arbres avec supplice,

Décoiffant tous les passants avec malice,

Déchaînant les mers par des déferlantes,

Sifflant dans les couloirs des voix hurlantes.

Mais, j'aime ressentir ses caresses rafraîchissantes,

Lorsque le soleil écrase la terre de sa canicule puissante.

Le lion

Désigné Roi des animaux de la Terre,

Ta couronne se dessine par ta crinière.

Tu règnes avec bienveillance sur la faune,

La savane incarne ton palais, ton trône.

Ton rugissement légendaire se propage,

Et résonne à travers la nature sauvage.

Debout sur tes quatre pattes, avec élégance,

Tu imposes un loyal respect par ta prestance.

J'aime tellement t'admirer, ô majestueux lion,

Tu représentes à mes yeux un animal d'exception.

Le chien

Traiter un homme de « chien »,

Il paraît que c'est du dédain.

Il paraît que c'est insultant.

Pourtant, c'est un beau compliment :

Plus fidèle, il n'y a pas mieux,

Il se révèle vraiment affectueux,

Il ne commet aucune trahison,

À ceux qu'il aime, il assure protection.

Traiter un homme de « chien »,

Quand on voit la bêtise des humains,

C'est dénigrer nos amis à quatre pattes,

Alors, attention aux expressions maladroites.

Le guépard

Roi du sprint, tu incarnes le Usain Bolt de la savane,

Champion de la course humble, jamais tu ne te pavanes.

La souplesse de ta foulée fascine les scientifiques,

Ta vitesse de pointe est absolument fantastique.

Tu défies avec malice tous les contrôles radars,

Rien ne peut te résister, ô somptueux guépard.

Tes proies tentent désespérément de courir,

Mais ta vélocité rend caduque leur volonté de fuir.

Pourtant ta rapidité comporte de tristes limites,

L'extinction te rattrape pour mettre ton existence en faillite.

Sauvons les guépards,

Avant qu'il ne soit trop tard.

Le papillon

Papillon qui virevolte dans les airs,

Tu as commencé ta vie sur la terre.

Petit être innocent et éphémère,

Tu arbores fièrement tes ailes majestueuses ;

Aux couleurs multiples et généreuses.

Ta beauté rend les âmes heureuses.

Comme une hirondelle

J'abandonne mon enveloppe corporelle,

Je m'envole comme une hirondelle,

Je découvre notre monde du haut des nuages,

La nature regorge de fantastiques paysages.

Je ne me rends plus compte des problèmes de la vie,

J'oublie les soucis, les maladies et tous les conflits.

La planète paraît si calme quand on la contemple du ciel,

Mon esprit s'apaise et mes pensées reviennent à l'essentiel.

Être comme une hirondelle, c'est soulager sa conscience,

Se détacher et faire abstraction de ses souffrances,

Se ressourcer pour évacuer les ondes négatives,

Quel beau voyage, cette magique ballade fictive !

Vivre comme une hirondelle

Vu des nuages, le monde paraît si paisible,

Loin de tous les êtres nuisibles,

Des tragiques drames horribles,

De la méchanceté imprévisible.

Je t'envie tellement petite hirondelle,

Il te suffit de battre des ailes,

Pour t'envoler dans le ciel,

Ton refuge, ta citadelle.

Le zoo

J'attire à moi tous les regards,

Mes admirateurs jouent des coudes pour m'apercevoir,

J'ai l'impression d'être une superstar.

Pourtant, je ne gagne pas des milliards,

Je ne donne pas de concerts et ne signe pas d'autographes,

Mais je fais le bonheur des photographes.

On me jette parfois de la nourriture,

Mais je préférerais la trouver moi-même dans la nature.

Je rêve de retrouver ma liberté, m'envoler comme un oiseau,

Moi, le pauvre petit animal enfermé dans ma cage au zoo.

Troisième recueil

Respecter les femmes

Introduction

Dans une société où les femmes se battent pour devenir l'égal des hommes, je me devais de leur montrer mon soutien. Les hommes leur manquent souvent de respect en les cantonnant parfois à de vulgaires objets sexuels ou de fantasmes.

On dit que derrière le succès d'un homme, se cache l'ombre d'une femme. Par leur sens du sacrifice issu de l'héritage maternel, elles effectuent les tâches ingrates sans jamais rechigner. J'en veux pour preuve toutes ces mamans célibataires qui élèvent seules leurs enfants.

Je vous propose donc une série de poèmes consacrés aux femmes.

Journée de la femme

Que le monde entier vous acclame,

Que le monde respecte vos âmes,

Que le monde entretienne votre flamme,

Bonne fête à toutes les femmes.

Respect aux femmes

« Le sexe faible », c'est ainsi que l'on vous vulgarise.
Soyons sérieux ! Cette expression est une vraie bêtise.
Les femmes possèdent un pouvoir qui mérite l'admiration,
Donner naissance à tous les êtres vivants, sans exception.
Alors, nous les hommes, respectons toutes les femmes,
Car trop d'entre nous se comportent de manière infâme.
Nous sortons tous du ventre d'une femme, d'une mère,
Et lorsqu'un homme réussit, une femme veille derrière.

Respect aux femmes !

<u>Victime</u>

Il voulait profiter de ton corps,

Tu n'étais pas d'accord.

Il a insisté encore et encore,

Désirant ajouter une conquête à son record.

Face à ton légitime refus, il s'est mis en colère,

Il a déversé sa haine comme des éclairs,

Il t'a frappée et cassée bien plus que tes molaires.

Il t'a détruite et tu vis désormais dans la galère.

Les femmes ne sont pas des objets sexuels,

Elles ont le droit d'être sensuelles,

Sans pour autant susciter des actes délictuels.

Les femmes se respectent et ça devrait être habituel.

Alcool et violence

Marchant dans l'ombre,

Dans cette ruelle sombre,

Accompagnée par la solitude,

Je ne comprends pas ton attitude.

Comment as-tu pu sombrer dans l'alcool ?

Désormais « homme violent » est l'étiquette qui te colle.

La peur de nouveaux actes imprévisibles règne,

Je suis ruinée, trop de blessures, mon cœur saigne.

Te pardonnerai-je un jour ces actes abominables ?

Tu m'as mise plus bas que terre, me traitant de minable.

Mais je souhaite que tu sortes de cette spirale infernale,

Et qu'à ton alcoolisme, tu mettes un point final.

L'abus d'alcool peut-être source de violence.

L'abus d'alcool ne doit pas rester sous silence.

Quatrième recueil

Coronavirus

Introduction

L'année 2020 restera gravée dans les livres d'histoire du futur. La pandémie de la Covid-19 a bouleversé le monde. Notre planète a tourné au ralenti durant plusieurs longues semaines. La Terre s'est retrouvée paralysée.

Imposé par le gouvernement, le confinement débuté en mars 2020 s'est révélé une situation inédite pour nombre d'entre nous.

Ce virus a causé énormément de morts. Les soignants sont montés courageusement au front, en première ligne, dans cette guerre contre un ennemi invisible impitoyable.

Les poèmes des prochaines pages sont directement inspirés de cette situation que nous n'oublierons jamais. Du confinement, en passant par les hommages au personnel soignant, replongeons dans ces jours pas comme les autres.

Le début du confinement

Le monde semble tourné au ralenti,
Mais la vie n'est pas encore finie.
La fin du monde n'est pas à l'ordre du jour,
Mais prions pour qu'il en soit ainsi pour toujours.

Pourquoi se ruer sur les besoins alimentaires,
Et acheter des réserves plus que nécessaires ?
Pendant que certains peinent à satisfaire leur faim,
Personne ne pense à ceux qui ne mangent rien.
Pourquoi en venir aux mains pour de simples denrées ?
Vous rendez-vous compte de votre terrible stupidité ?
Pourquoi augmenter les prix des vivres essentiels ?
Vous n'emporterez pas votre argent jusqu'au ciel.
Le personnel médical est totalement submergé,
Écoutons leurs doléances pour pouvoir les aider.

C'est l'occasion de se montrer solidaire,
Et non pas d'agir de manière solitaire.

Ensemble, luttons contre le Coronavirus.

Confiné

Certes, il fait vraiment très beau,

Oui, il fait actuellement chaud,

Ne te comporte pas comme un idiot,

Fais, je t'en prie, ce qu'il faut,

Il est encore beaucoup trop tôt.

Ne sors pas te promener avec ton vélo,

Et range au placard ton chapeau.

Malheureusement, ta place est dans ton studio,

Et même si c'est douloureux de vivre en solo,

N'oublie pas que pour le personnel des hôpitaux,

Tu dois rester confiné et tu agiras en héros.

Hommage au personnel soignant
Poème en prose

Vous ne pouvez pas voler comme Iron Man,
Mais vous volez au secours des malades.

Vous ne possédez pas la puissance de Hulk,
Mais vous luttez de toutes vos forces pour nous soigner.

Vous ne maîtrisez pas la foudre comme Thor,
Mais vous bravez les orages en cette période tendue.

Vous ne volez pas d'immeuble en immeuble tel Spiderman,
Mais vous tissez une toile protectrice autour des malades.

Vous n'avez pas les pouvoirs magiques de Docteur Strange,
Mais vous accomplissez des miracles au quotidien.

Vous ne détenez pas le bouclier de Captain America,
Mais vous êtes notre bouclier contre le Coronavirus.

Vous êtes nos héros, nos Avengers.
Vous êtes le personnel soignant.

Voyage confiné

Je m'ennuie, je ne supporte plus le confinement.
J'ai envie de sortir de chez moi, de mon isolement.

Mais c'est possible, mon ami, utilisons les pensées,
Servons-nous du pouvoir des mots, partons voyager.

Accroche-toi à mes épaules et envolons-nous…

Regarde, nous survolons la campagne magnifique.
Sa verdure et ses arbres disposés de manières anarchiques.

Regarde, nous apercevons la montagne majestueuse,
Elle trône sur notre monde avec sa neige onctueuse.

Regarde l'océan et ses vagues ondulantes et apaisantes,
Il abrite une faune mystérieuse et fascinante.

Regarde la légendaire savane, elle a un côté mythique,
Avec ses animaux sauvages en liberté, c'est fantastique.

J'espère que tu as effectué un beau voyage au pays des mots.

Je voudrais être...

Je voudrais être une hirondelle,

Pour contempler du ciel à quel point la nature est belle.

Je voudrais être un dauphin,

Pour nager inlassablement jusqu'à des horizons sans fin.

Je voudrais être un guépard,

Pour courir très vite, sans me soucier des radars.

Je voudrais être une fourmi

Pour espionner le monde qui m'entoure en catimini.

Mais je suis un homme condamné à vivre en confinement.

La nature et les animaux profitent de notre emprisonnement.

Se battre

Escaladons la montagne et ses versants,

Traversons les vagues et océans,

Surpassons nos appréhensions,

Affrontons cette abomination,

Unissons-nous face à cette maladie,

Chantons la symphonie de la vie,

Conservons toujours notre foi,

Jamais le doute ne l'emportera.

La nature et le confinement

La nature est joueuse,

Il fait beau depuis le début du confinement.

La nature est joyeuse,

Elle ne subit plus aucun désagrément.

La nature est radieuse,

La faune et la flore dansent gaiement.

La nature est merveilleuse,

Il serait tant que les hommes en soient conscients.

Solidaires face à la COVID-19

Ce virus engendre une véritable psychose,

Mais ne rendons pas l'atmosphère plus morose.

Nous sommes tristes de ne pas profiter du beau temps,

Mais la santé n'a pas de prix, soyons en conscients.

Nous connaissons tous des personnes décédées,

Serrons-nous les coudes et restons soudés.

Que cette épreuve difficile change nos mentalités,

Que nous sortions vainqueurs de cette adversité.

Soutien au monde du spectacle

La salle de spectacle incarnait ta demeure.

Tu transmettais de la joie et de la bonne humeur.

Sur scène, le public te nourrissait d'éloges,

Mais la COVID-19 t'a renvoyé dans les loges.

L'absence de contact avec les spectateurs est douloureuse,

C'est comme si tu avais perdu ton amoureuse.

Même si les jours meilleurs se font attendre,

Cet entracte cessera et le spectacle va reprendre.

Soutien aux restaurateurs

Aucune odeur ne se dégage de vos fourneaux,

Aucune boisson ne coule de vos tonneaux.

Les ingrédients se languissent de votre ingéniosité,

Pour se mélanger dans des plats tout en virtuosité.

Nous attendons tellement de solliciter la carte,

De déguster en désert une bonne tarte,

De profiter d'assiettes copieuses,

De spécialités inconnues délicieuses.

Hâte de vous retrouver, chers amis restaurateurs,

Afin de découvrir de nouveaux menus, de nouvelles saveurs.

Cinquième recueil

Le harcèlement scolaire

Introduction

Le harcèlement scolaire demeure une triste réalité. Les enfants ont toujours été durs entre eux. Moi même, porteur de lunettes depuis l'âge de sept ans, j'ai subi de multitudes moqueries blessantes. Mais ceci n'est rien comparé à ce que certains enfants endurent de nos jours.

Ce phénomène s'est amplifié et s'achève parfois, malheureusement, en drames. La cour de récréation incarne une jungle où la seule loi est celle du plus fort. Les surveillants et enseignants ont beau faire preuve de vigilance, les cas se multiplient dangereusement, poussant certains enfants très jeunes à commettre l'irréparable, à tomber en dépression ou, au mieux, à refuser de retourner à l'école.

J'ai donc écrit plusieurs poèmes de soutien, car en tant que père de trois enfants, je n'ai aucune immunité pour empêcher que cela n'arrive à l'un d'eux.

En tant que parents, éduquons nos enfants pour annihiler ce fléau intolérable. La vie d'adulte se révèle compliquée, alors accordons à nos enfants une jeunesse insouciante loin des tumultes de la violence et du harcèlement.

Non au harcèlement scolaire.

Harcèlement scolaire

Les enfants sont cruels entre eux, mais il y a des limites à l'humiliation.
Les moqueries sont légion, tout est prétexte pour jouer de l'intimidation.
Pour un enfant obèse, malade ou timide, commencent les douloureuses galères.
Certains diront que cette loi de la jungle de la récréation forge le caractère.
Puis, les actes de violences, de vols viennent se rajouter aux paroles intolérables.
Ça ne peut plus durer, des enfants se suicident, dépriment, c'est insoutenable.

Réagissons, car en tant que père de famille, je crains pour mes enfants.
Réagissons, car le harcèlement scolaire peut traumatiser éternellement.
Réagissons, car l'école doit rester un lieu d'apprentissage et non de peur.
Réagissons, le harcèlement doit être banni, personne ne mérite le malheur.

Brisons définitivement la loi du silence,
Guidons nos progénitures dans l'enfance,
Et dans la difficile période de l'adolescence,
Qu'ils grandissent dans la joie et l'insouciance.

Non au harcèlement scolaire !

Si j'étais…

Si j'étais un guépard, je courrais loin de toi à grande vitesse.
Si j'étais un oiseau, je m'envolerais d'ici tout en robustesse.
Si j'étais un poisson, je me cacherais dans les abysses.
Si j'étais une taupe, je m'enfouirais sous terre dans ma bâtisse.
Si j'étais un escargot, je me blottirais dans ma coquille.
Si j'étais une fourmi, je serais invisible à tes pupilles.
Si j'étais une chauve-souris, je danserais durant tes nuits.
Si j'étais un caméléon, je me dissimulerais jusqu'à minuit.

Mais je suis un enfant prisonnier, condamné à ton emprise.
L'école est un enfer, j'ai des pensées obscures, je me méprise.
Je garde le silence, apeuré par tes violentes représailles.
Je crie « au secours ! » du plus profond de mes entrailles.
Je sens que je vais commettre l'irréparable, aidez-moi !
Je veux une enfance sereine, remettre mon esprit à l'endroit.

Non au harcèlement scolaire !

<u>Souffrances</u>

Personne ne devine ta terrible souffrance,

Qui détruit la période de ton enfance.

Tu te terres dans un profond silence

Tu ne sais plus à qui faire confiance,

Car tu appréhendes le regard des autres,

Mais ton problème est aussi le nôtre.

Tu n'es pas seul, nous sommes à ton écoute,

Car il faut annihiler ce fléau coûte que coûte.

Tu mérites de profiter pleinement de ta jeunesse,

La vie adulte demeure tellement remplie de stress.

Ouvre ton cœur, confie-toi pour empêcher le pire,

Et à nouveau jouer, apprendre, grandir et rire.

Non au harcèlement scolaire !

Sixième recueil

Les figures de style

Introduction

La poésie est un art sans aucune limite. Les possibilités sont multiples. Le poète peut bien évidemment jouer sur la richesse des rimes, mais également combiner un aspect visuel par la forme du corps du texte ou lorsque les premières lettres de chaque ligne forment un mot ou une phrase (un acrostiche).

Dans les poèmes qui suivent, vous découvrirez notamment des vers s'achevant par des anagrammes. J'ai tenté d'autres styles pour lesquels je vous garde le suspense bien au chaud. Les mots aiment jouer et s'associer entre eux pour le plaisir des yeux.

Je me suis pris au jeu et je suis entré dans la ronde pour vous restituer quelques poèmes dont je suis assez fier, je dois bien l'avouer.

Une lettre par ligne

Le **V**ent **V**ole **V**ers de **V**étustes **V**illages.

Les **F**olles **F**lammes du **F**eu **F**usent sur les **F**euillages.

La **P**luie **P**aisible **P**énètre les **P**etits **P**âturages.

La **R**ivière **R**oule sur les **R**ugueux **R**oseaux des **R**ivages.

Le cycle de la vie

Je suis né,
On m'appelle bébé,
C'est la vie qui commence,
Je grandis durant mon enfance.
L'école et mes deux parents m'éduquent,
Je me dois alors de ne pas rendre tout cela caduc.
Je deviens un adolescent dur, je m'affirme, je me rebelle,
Je m'intéresse aux amours et aux filles que je trouve très belles.
L'âge de la maturité est atteint, me voilà dans le monde des adultes,
Entre le travail, les amours, les enfants, il y a beaucoup de tumultes.
Mais devenir mari et père s'apparente à une juste récompense,
Je m'épanouis dans ces rôles à responsabilités denses.
Je transmets l'apprentissage à mes enfants chéris,
Je leur inculque les clés du succès de la vie.
Je les regarde s'envoler de leurs ailes,
Le cycle de la vie est perpétuel.
Je quitte mon corps,
C'est la mort.

Le chemin du temps

On aimerait parfois te freiner,
On aimerait parfois t'accélérer,
On est incapable de te maîtriser,
Tu règnes en maître de la régularité.

Tu sembles parfois être long et infini,
Tu sembles parfois au contraire raccourci.
Tu nous procures à tous, différents ressentis,
Pourtant tu es incorruptible et égal envers autrui.

Conformément à la loi, nul ne peut et n'est censé t'ignorer,
Nous sommes emprisonnés et liés à toi, condamnés à perpétuité.
On tente en vain de te rattraper à chaque instant perdu de la journée,
Tu t'amuses de constater, sur nos montres, nos regards tellement angoissés.

Parfois, j'entends dire autour de moi « Ne t'inquiète pas, j'ai tout mon temps »,
Évidemment, tu appartiens à nous tous, mais tu ne te laisses pas apprivoiser facilement.
Malicieux, tu te gausses de sonner la fin de la récréation, en stoppant net les bons moments,
Mais vivre au quotidien à tes côtés a aussi du bon. Tant que tu es là, c'est que nous sommes vivants.

La prose de l'inspiration

Ici,
J'écris,
Sur le clavier,
Guettant mes doigts,
Qui pianotent selon mes désirs,
Des lettres, puis des mots et des phrases,
Façonnant un monde imaginaire issu de mon esprit.
Je décide arbitrairement de la destinée de mes personnages inventés,
Changeant parfois le chemin de leur vie sans qu'ils parviennent à le contester.
L'histoire se conforme à ma vision mais parfois elle réussit à prendre le contrôle de mes pensées.
Elle me dicte et m'impose son inattendu scénario. Je comprends alors que l'inspiration est à son paroxysme.
Tous les détails de mon écrit s'enchaînent ainsi avec une fluidité harmonieuse, sans aucun accroc,
À croire que cette histoire existait avant qu'elle naisse au plus profond de moi.
Mon histoire agit comme un chef d'orchestre qui me dicte le tempo,
Le concert est majestueux, composé de phrases lyriques,
Les chapitres s'enchaînent sans temps mort,
Le dénouement semble proche,
Et je vais bientôt écrire,
Le dernier mot,
Le mot,
Fin.

Anagrammes

Je te croise chaque matin sur le PALIER,
Je souhaite tellement te PLAIRE.

Je n'attends de toi qu'un seul REGARD,
À mes côtés, je désire te GARDER.

Si un jour tu m'appelais CHÉRI,
Je deviendrais un homme RICHE.

Si tu savais à quel point je veux t'AIMER,
Dans mes rêves les plus fous, je me vois MARIÉ.

Anagrammes, encore

Sache que je suis vraiment SIDÉRÉ,
De ressentir à quel point je te DÉSIRE.

Inaccessible comme une célèbre ARTISTE,
Je n'explique pas pourquoi tu m'ATTIRES.

J'espérais simplement qu'on partage ensemble un VERRE,
Tu incarnais une femme dont je pensais juste RÊVER.

Je te tournais autour avec maladresse tel un CHIEN,
Je craignais que tu me renvoies dans ma NICHE.

Mais finalement, j'ai fait preuve d'AUDACE,
Et tu es devenue mon plus beau CADEAU.

Anagrammes, encore et toujours

Je suis devenu un homme FIDÈLE,

Plus aucune femme ne DÉFILE,

Me voir en secret dans mon ATELIER,

C'est difficile à croire, mais c'est la RÉALITÉ.

Je me suis enfin rangé, plus de COPINE,

Désormais, ma libido est éteinte et PIONCE.

Je me suis remis en question, il a fallu OSER.

Finalement, mon existence est devenue ROSE.

J'ai rencontré la femme que je désire ÉPOUSER,

Et nous partirons savourer notre idylle à PÉROUSE.

Je suis heureux de vivre un amour ÉTERNISÉ,

Tu m'as dompté et apaisé, j'ai découvert la SÉRÉNITÉ.

C'est du cinéma

Je sentais qu'il ne me restait plus que 58 MINUTES POUR VIVRE,
Mais finalement, je dois admettre que j'avais THOR,
Car il faut toujours croire en UN NOUVEL ESPOIR.
Arrêtons de penser que LA VIE EST UN LONG FLEUVE TRANQUILLE.
Forgeons nos esprits pour qu'ils deviennent INTOUCHABLES.

L'amour conjugué à tous les temps

Je me considérais comme un homme IMPARFAIT,

Coincé dans ses erreurs du PASSÉ ANTÉRIEUR.

Mais tu es apparue dans mon PRÉSENT,

Et tu m'aimes tel que je suis au PLUS-QUE-PARFAIT.

Tu m'as changé et sentir ton amour est devenu IMPÉRATIF,

Car je ne désire pas d'une relation au CONDITIONNEL.

Je veux partager ma vie avec toi dans le FUTUR.

Séduction

Lorsque je croise ta ROUTE,
mon cœur est en **DÉ**ROUTE.

Car vouloir te PLAIRE,
Ne serait pas pour me **DÉ**PLAIRE.

Je suis comme un chasseur de PRIMES,
Mais ta résistance à mon égard me **DÉ**PRIME.

À mon intuition je me FIE,
Car te conquérir est un **DÉ**FI.

J'aimerais caresser tes JOUES,
Mais tous mes plans tu **DÉ**JOUES.

Alors, finalement, ai-je RAISON,
De te séduire avec **DÉ**RAISON ?

La réussite

Moi,
Mon choix,
Est de repousser,
Mes limites, ma volonté,
Car la vie, c'est une aventure,
Du présent pour arpenter le futur.
Il faut gravir le dénivelé de cette montagne,
Pour y atteindre le haut sommet, jouer la gagne.
Réussir sa vie, c'est accepter les défis les plus délicats,
Et refuser les problèmes et les obstacles qui mènent vers le bas.
Gravissons tous ensemble cette haute montagne de notre existence,
Le défi vaut la peine. Nous serons comblés, et ce ne sera pas de la chance.
La réussite se provoque, la réussite ne vient pas vers nous par un grand hasard.
Prenons notre vie en main, effectuons les sacrifices nécessaires, pour atteindre la gloire.

Les cartes

J'aimerais être ton ROI,

Et que tu deviennes ma REINE.

Mais tu ne me vois pas, je ne suis qu'un VALET.

Je t'aperçois et mon rythme cardiaque est multiplié par DIX.

Je porterai pour toi un habit de lumière tout NEUF,

Que je m'achèterai en faisant les trois-HUIT,

Pour partager ma vie avec toi sept jours sur SEPT.

Te conquérir, c'est jeter les dés en espérant un double-SIX.

Je voudrais tellement que tu me reçoives cinq sur CINQ.

Pour te séduire, je suis prêt à me mettre en QUATRE,

Car je ne souhaite pas de ménage à TROIS.

Je rêve inlassablement de cette vie à DEUX,

Et que nous ne formions plus qu'UN.

Allez, je me lance et joue mon JOKER.

Les échecs

Mais qui est cette douce et sublime DAME ?

Lorsque je t'ai vu, je suis devenu FOU.

Je me surprends à rêver d'incarner ton ROI.

Pourtant je ne suis rien, juste un simple PION.

Je désire te prendre par la main pour faire un TOUR.

Même si je reconnais que c'est un peu CAVALIER,

Je n'envisage pas que mes avances soient un ÉCHEC.

Jouons avec les fruits et légumes

Ne me raconte pas des SALADES,

Tu étais sa bonne POIRE.

Elle t'a pris le CHOU,

Et tu as perdu la PÊCHE.

Alors ramène ta FRAISE,

Je vais te redonner la BANANE.

Jouons encore avec les fruits et légumes

Tu as pris le MELON,

Parce que tu as gagné 100 PATATES.

Mais attention de ne pas te faire CAROTTE,

Car tu risques de perdre ton BLÉ,

Et de l'avoir dans l'OIGNON.

Tu seras obligé de saisir un AVOCAT.

Ça t'énerve, tu te retiens de me coller un MARRON,

En espérant que je crie AÏE.

Je veux juste que tu ne finisses pas dans les CHOUX.

Ça compte

Agissant tel un comte,

Tout droit sorti d'un conte,

Ta richesse tu comptes.

Mais vivant seul, tu te rends compte,

En fin de compte,

Qu'il n'y a pas que l'argent qui compte.

Incendies en Australie (2020)

Pays de l'autre bout de la Terre,
Règne sur ta chair le feu de l'enfer.
Australie, les flammes te meurtrissent,
Yeux du monde craignent ton précipice.

Fantastique pays symbolisé par les majestueux kangourous,
On ne te représente plus que par les cendres du courroux.
Relève toi ! Le monde désire sincèrement que tourne ta roue.

Australie, ma merveilleuse Australie, renais tel le Phénix.
Un jour tu sortiras de cette épreuve pour que le destin se fixe.
Semaine après semaine, tes enfants retrouveront leurs rires,
Tu mérites d'afficher à nouveau ton séduisant sourire.
Résignation et abandon sont inexistants dans ta culture,
Anéanties, tes terres reformeront un beau décor dans le futur.
Le monde te pleure et te regarde avec compassion,
Il faut te venir en aide, que se mobilisent toutes les nations.
Australie, tu n'es pas seule, car sache que nous t'aimons.

<u>Mes yeux</u>

Mes yeux sont tout verts comme la couleur de l'espoir.

Mes yeux sont ouverts pour toujours y croire.

Mes yeux sont où ? Vers l'accomplissement de mon histoire.

Désillusion

Il a fallu que ton ÂME MENTE,

Pour que je découvre que tu avais une AMANTE.

Il a fallu que ton ÂME NUISE,

Pour que mon espoir s'AMENUISE.

Je comprends finalement que ton ÂME MÈNE,

À ne plus te dire AMEN.

Septième recueil

L'amour

Introduction

Quoi de plus beau qu'un poème d'amour ? La poésie et l'amour sont faits pour être unis et se marient merveilleusement bien.

L'amour est un sentiment incroyable auquel chaque homme et chaque femme aspirent. Il peut nous transporter du septième ciel au trente-sixième sous-sol et inversement.

De la conquête, en passant par le désir, de la relation aux déceptions, voici plusieurs poèmes à savourer sans modération.

L'amour

Tu es l'amour rêvé depuis ma plus tendre enfance,
À toi je veux me vouer et gagner toute ta confiance.
Le plus difficile en amour n'est pas de le conquérir,
Mais de le consolider et de parvenir à le maintenir.
La fidélité dans un couple est la base de la fondation,
La trahir mène les amoureux à leur propre destruction.
La fidélité n'est jamais acquise et peut voler en un éclat,
L'infidélité la guette avec malice et des pensées hors la loi.

Toi et moi ne faisons qu'un, nous avons notre cercle vital,
Il ne tient qu'à nous que personne n'y porte un coup fatal.
Les tentations se multiplient et aspirent à nous tourmenter,
La facilité et l'attirance ne doivent pas nous faire succomber.
La fidélité est comme le bébé innocent lors de sa naissance,
Fragile, il ne peut survivre sans notre constante bienveillance.
L'amour est un sentiment merveilleux et des plus précieux,
Il est de notre devoir d'y veiller comme à la prunelle des yeux.

Je t'aime, ô toi mon âme sœur,
Tu es l'unique dans mon cœur.

C'est quoi la fidélité ?

Si je devais t'expliquer avec mes humbles mots imagés,

Ce que représente la fidélité entre deux êtres aimés.

Je suis le soleil et tu es le ciel qui aime m'accompagner.

Je suis la montagne et tu es la neige qui vient s'y coucher.

Je suis un arbre et tu es l'oiseau qui décide de nidifier.

Je suis une fleur et tu es l'abeille qui se pose pour butiner.

Je suis une vague et tu es l'écume qui en est engendrée.

Je suis ton homme et tu es la femme que je veux aimer.

J'aurais pu

J'aurais pu t'écrire un livre,
Car de bonheur tu m'enivres.

J'aurais pu t'écrire un roman,
Pour te dire que je pense à toi à tout moment.

J'aurais pu t'écrire une nouvelle,
Pour que tu saches à quel point tu es belle.

J'aurais pu t'écrire un chapitre,
Car je t'admire à plus d'un titre.

J'aurais pu t'écrire une dissertation,
Pour te décrire avec délectation.

Mais une seule phrase résume ce poème,
Tout simplement, « Je t'aime ».

Rencontre dans le train

Retour morose, assis dans ce train,
Fin des vacances, plus aucun entrain.
Mon esprit vagabonde à la plage,
Mon corps regagne mon village.

Un timide bonjour a ravivé ma flamme,
Installée face à moi, une jeune femme.
Ses yeux rieurs et son sourire charmeur,
Bousculent et annihilent ma mauvaise humeur.

Engager une conversation serait une belle faveur,
Mes muscles sont tétanisés, mon regard rêveur.
Elle m'aborde en douceur avec sa voix paisible.
La gorge nouée, mes mots sont presque inaudibles.

Finalement, ce voyage non désiré devient trop court,
J'aurais aimé rallonger indéfiniment ce parcours.
Je dois descendre, je brûle d'envie de demander son téléphone,
Mais l'histoire s'achève car ma timidité m'a rendu aphone.

À quoi se résume l'amour ?

T'écrire des mots avec ma plume,

Revêtir mon plus beau costume,

Mon corps que je parfume,

Mes sentiments que j'assume…

Pourtant, je présume,

Que ce n'est pas à ça que l'amour se résume.

Les mots

Te chanter des MOTS ROSES,

Pour PANSER tes BLEUS.

Te chanter des MOTS BLEUS,

Pour t'éviter des PENSÉES MOROSES.

Tendresse

Seul dans la nuit,

Accompagné par l'ennui,

Mes pensées dirigées à ton encontre,

Je me remémore notre rencontre,

Et cette tendresse trop brève.

Tu t'introduis dans mes rêves,

Je préférerais que tu te glisses sous mes draps,

Pour sentir ton corps se blottir dans mes bras.

Juste un signe

Majestueuse comme un cygne,

Je n'attends de toi qu'un signe.

À ta vie, je veux que tu m'assignes,

Pour que tu incarnes mon plus bel insigne,

Et qu'un jour, à la mairie, le registre, je signe.

Je te jure de respecter en tant que mari, les consignes.

Le désir

Désir mutuel,

Ton amour me donne des ailes.

Désir réel,

Notre relation n'est pas virtuelle.

Désir spirituel,

Mes pensées rêvent de plaisirs charnels.

Désir obsessionnel,

De ta silhouette sensuelle.

Désir éternel,

D'un amour perpétuel.

Je te désire

Des lèvres pulpeuses,
Que je rêve d'embrasser.

Une peau laiteuse,
Que je désire caresser.

Une voix chaleureuse,
Que j'aime écouter.

Une femme généreuse,
Que je voudrais combler.

Seras-tu mienne, demain ?
Incarneras-tu mon destin ?
Suivrons-nous le même chemin ?
Unis, main dans la main ?

Vivre avec toi

Vivre sans toi ressemblerait à un supplice.

Avec toi, je souhaite devenir complice,

Pour que notre amour s'accomplisse.

De bonheur, que nos cœurs se remplissent.

Sensations

Mon corps frissonne,
En présence de ta personne,

Mes yeux s'illuminent,
Car ta beauté me contamine.

Mon cœur s'emballe,
De tes douceurs verbales.

Ma peau en sueur,
Lorsque je ressens ta chaleur.

Mon estomac se noue,
Lorsque tu t'assois sur mes genoux.

Mes pensées deviennent impures,
Lorsque tu retires ta ceinture.

Mon poème s'achève sur ces vers,
J'annihile vos fantasmes d'un revers.

L'essence

Tu représentes mon carburant, mon plein d'essence.

Nos sentiments expriment une recrudescence.

Tu stimules au plus profond de moi, l'éveil des sens.

J'admire ton sublime corps sans aucune décence.

Nos désirs charnels frisent l'incandescence.

Faire la cour

Depuis des mois, je te fais la cour.

Pour te séduire, devrais-je prendre des cours ?

Non, tête baissée, je fonce vers toi, je cours.

Je te récite mon poème sincère et court.

Mais à mes rêves, tu as coupé court.

Je perds mes moyens

Sans crier gare,

Tu es entrée en gare,

Je me sentais ringard.

Depuis, mes pensées s'égarent,

Dirigées à ton égard,

Je ne peux oublier ton regard.

Recette de l'amour

Les bonnes graines, il faut que l'on sème,

Pour devenir un couple solide qui s'aime.

Évitons que notre entourage ne s'en mêle,

Pour que jamais notre couple ne s'emmêle.

Sous le charme

Prestance majestueuse,

Silhouette somptueuse,

Peau onctueuse,

Âme vertueuse,

Femme voluptueuse.

Discret

Tu ne me vois pas, tellement discret,

Pourtant je te dédie des mots secrets,

Écris avec mon cœur, à la craie,

Pour rêver d'un amour concret.

Ton sourire

Sourire apaisant.

Regard plaisant.

Sourire scintillant.

Regard brillant.

Sourire généreux.

Regard heureux.

Ton sourire est ma force.

Ton regard me renforce.

La danse de l'amour

Je vais te faire une confidence,

Tu es ma plus belle danse,

Tu imprimes ta cadence,

Je suis sous ta dépendance,

C'est une évidence.

Au diable la prudence !

J'accepte toutes les incidences,

Pour un amour en abondance.

La tentation

La tentation est fourbe,

Avec ses ravissantes courbes,

Elle joue la carte de la séduction,

Mon cerveau chauffe comme une plaque à induction.

Je ne succomberai pas à sa sensualité,

Car j'ai juré de me vouer à la fidélité.

J'ai offert mon cœur à mon seul amour,

Celle qui, à mes yeux, demeure la plus glamour.

La tentatrice

Tu aimes te déhancher, en portant DES ROBES,

Tu espères que sous mes pieds, le sol se DÉROBE.

Ton baiser agit comme une mortelle MORSURE,

Un poison qui m'aurait entraîné dans une MORT SURE.

Tu voulais me faire succomber en retirant ton CORSAGE,

Mais, j'ai réussi à conserver mon CORPS SAGE.

Obsession

Mes principes en transgression,

Car en toute confession,

Tu es mon obsession,

Sans concession.

Ma gorge en compression,

Ta prestance me fait forte impression.

Je rêve de fonder avec toi une succession,

Le contraire me plongerait dans la dépression.

Obsession permanente

À toi, tout le temps je pense.

De toi, mon cœur ne se dispense.

Ton sourire est ma récompense.

Ton amour vaut toutes les dépenses.

Il est temps

Tes yeux magnifiques en forme d'amande,

Mettent mes sentiments à l'amende.

La chaleur enivrante de ta douce peau,

Me donne envie de ne plus tourner autour du pot.

Il est désormais temps que je t'ouvre mon cœur,

Il est désormais temps que nous nous aimions en chœur.

Le coeur

J'aimerais te réciter un poème comme un speaker,
Te chanter de douces mélodies comme les chœurs,
Hurler mes sentiments avec la puissance d'un rockeur.
Mais, tu restes énigmatique avec tes yeux moqueurs,
Je ne peux décrypter tes pensées, je ne suis pas hacker.
Je désire tellement partager des cocktails préparés au shaker,
Pour siroter à tes côtés la plus enivrante des liqueurs.
Ce n'est que du fantasme, mais je n'éprouve aucune rancœur,
Car j'ai la conviction que je gagnerai ma place dans ton cœur.

Au centre de ma vie

Ton église au centre de mon village,

Le sourire sur mon visage,

Heureux présage,

D'un amour sans nuage.

Le volcan de la déception

Oui,
C'est fini,
C'est hélas la réalité,
Tu as décidé de me quitter.
Mon corps tremblait de tristesse,
Et a explosé d'une fumée noire épaisse.
Un long torrent de lave a coulé comme des larmes,
Pour brûler sur mes versants les souvenirs de ton charme.
Le magma de ma mélancolie a recouvert tout ton champ de fleurs,
Pour s'échouer sur les terres de ton indifférence envers mon inconsolable douleur.

Amour en trois actes

Ton sourire charmeur me fait perdre mon tact,
Une seule parole de toi m'ébranle comme un impact,
Je ne trouve plus mes mots, ma gorge se contracte.
Je désire partager chaque instant avec toi, être à ton contact.
Si tu m'acceptes dans ta vie, nous signerons un pacte,
Nous joucrons le théâtre de notre amour en plus de trois actes.

Fin de week-end

La pluie assombrit le ciel bleu,

La tristesse efface mon sourire amoureux.

L'orage gronde de colère,

Mes pensées deviennent amères.

À tes côtés, un week-end de rêve,

Mais en ce dimanche soir, il s'achève.

Je déteste ces « au revoir » sur le quai de la gare,

Je dissimule mes larmes de ton regard.

Vivre loin de toi est un supplice,

Nous sommes tellement complices.

J'attends enfin que l'on partage le même toit,

Pour savourer mon amour avec toi.

Ton loveur

Je refuse de rester rêveur,

De finir en game over.

Je ne te demande qu'une faveur,

Je désire incarner ton loveur,

Sentir l'amour avec ferveur,

Tes lèvres délicates de saveur.

Belle comme une fleur

La plus belle des fleurs,

La plus jolie des couleurs.

Synonyme de bonheur,

Tu guéris mes douleurs,

Tu apaises mes pleurs,

Tu emballes mon cœur,

Je t'aime chaque heure.

Tu m'apaises

Sentir ta chaleur,

Brûler ma peau.

Sentir ta douceur,

Apaiser mon ego.

Sentir ton cœur,

Dicter le tempo.

Sentir ton bonheur,

Permettre mon renouveau.

Présent pour toi

Tu auras toujours mon écoute,
Pour me confier tes doutes.

Tu auras toujours mes yeux,
Pour t'admirer d'un regard amoureux.

Tu auras toujours mon épaule,
Lorsque tes larmes prendront le contrôle.

Tu auras toujours ma voix,
Pour t'aider à garder la foi.

Tu auras toujours ma main,
Pour te guider sur le bon chemin.

Tu auras toujours mon coeur,
Pour t'offrir le meilleur.

A travers mes yeux

À travers mes yeux,

Se cache un homme ténébreux,

Qui te désire avec des regards envieux.

À travers mes yeux,

Se cache un homme généreux,

Qui souhaite t'offrir des jours heureux.

À travers mes yeux,

Se cache un homme chaleureux,

Qui effacera tes souvenirs douloureux.

À travers mes yeux,

Se cache un homme amoureux,

Qui te promet des instants langoureux.

Mon amour, ma perle

La douceur de ton sourire,

Possède le pouvoir de guérir.

La délicatesse de tes caresses,

Résonne comme une promesse.

L'apaisante mélodie de ta voix,

Guide mes pas sur la bonne voie.

Merci d'éclairer mon existence,

Tu es une perle d'une rare brillance.

Loin de toi

Errant seul et lentement sur ce petit chemin,

J'imagine de romantiques ballades main dans la main.

Je désire tellement partager avec toi un avenir commun,

M'endormir et me réveiller à tes côtés chaque lendemain.

Je rêve de te cueillir chaque jour un bouquet de jasmin,

Et embrasser tes magnifiques lèvres couleur carmin.

Te rencontrer m'a replongé dans l'insouciance d'un gamin.

Mais, vivre loin de toi, pour mon cœur, c'est inhumain.

Censure

Il ferme les yeux pour entendre ses murmures,

Ses lèvres, tout en délicatesse, lui susurrent,

Des mots langoureux que ne peuvent percevoir les murs.

Elle efface d'un regard toutes ses blessures,

Elle répare son cœur de ses cassures.

Sa bienveillance le rassure,

Il retire doucement son armure.

Les caresses sensuelles font grimper la température,

Les pensées deviennent impures.

Mais chut ! On en reste là, je censure,

Je ne franchirai pas les limites de la clôture.

La suite leur appartient dans cette chambre obscure.

Ivresse

Te contempler avec une naïveté enchanteresse,

Ton doux visage fin et tes jolies tresses.

Je te promets que tu seras bien plus qu'une maîtresse.

Je n'ose t'approcher, ma gorge se compresse.

J'en perds mes mots, quelle détresse !

J'aimerais tellement que nous partagions la même adresse.

S'échanger des gestes d'affection et de tendresse,

Amour passionnel nous entraînant dans l'ivresse,

De langoureuses et sensuelles caresses.

Huitième recueil

La vie

Introduction

La vie n'est pas une route rectiligne paisible. C'est un chemin sinueux dans lequel nous recherchons constamment le meilleur et le bonheur. L'espoir nous guide mais de nombreuses contrariétés essaient de s'immiscer dans nos pensées afin de nous tirer vers le bas. La vie incarne un combat permanent ponctué de joies, de peines, de colères, de déceptions voire de trahisons.

Les prochains poèmes, que vous allez avoir le plaisir de lire, vont vous faire passer par tous les sentiments. Je suis prêt à parier que vous vous retrouverez dans plusieurs de ces textes. En ce qui me concerne, certains aléas de la vie m'ont inspiré pour retranscrire mes poèmes.

Bon voyage au cœur de la vie, de votre vie.

Les quatre saisons de la vie

Ma vie est au printemps,
Je suis un petit enfant,
Les fleurs s'épanouissent avec le beau temps,
Je grandis et apprends à devenir un battant.

Ma vie est en été,
Je suis à l'âge de la majorité,
Le soleil brille avec générosité,
De ma jeunesse, je m'attache à profiter.

Ma vie est en automne,
L'heure de la retraite sonne,
La flore s'endort avec la faune,
Mes forces m'abandonnent.

Ma vie est en hiver,
Je suis un vieux grand-père,
De neige, le sol est couvert,
Je rejoins les profondeurs de la terre.

La vie, une météorologie

Histoire quotidienne d'une vie,
Semblable à la météorologie.
La pluie,
Lorsque nous éprouvons de la mélancolie.
L'orage,
Lorsque nous ressentons de la rage.
Le vent,
Lorsque nous traversons des tourments.
Les flocons,
Lorsque notre âme d'enfant attend le réveillon.
Le soleil,
Lorsque la vie nous procure des merveilles.

Tout comme le temps décidé par Dame Nature,
Chaque jour dessine une nouvelle aventure.
On ne peut pas interférer sur le destin du futur,
On ne peut empêcher certaines égratignures.
Mais nous avons le pouvoir de sourire,
Malgré les turbulences de l'existence,
Pour ne pas regretter notre naissance,
Au moment où nous devrons mourir.

La vie et l'eau

Au commencement, je représente une goutte de pluie,
C'est ma naissance, le début du cycle de ma vie.

Je me transforme ensuite en petit ruisseau,
Je grandis et abandonne mon berceau.

Je me jette dans un puissant et turbulent fleuve,
L'enfance me confronte à mes premières épreuves.

Je termine ma course effrénée dans la mer,
C'est l'âge adulte, la maturité et je deviens père.

L'évaporation me ramène dans le ciel et les nuages,
Mon âme quitte mon corps pour écrire une nouvelle page.

La vie est un océan

La vie est un parcours dans l'océan,

Tu hésites dans un premier temps,

Et tu aimes te rassurer en ayant pied,

Mais il faut larguer les amarres et se lancer,

Partir vers le large, partir vers l'horizon,

Affronter les rudes vagues de déceptions,

Résister aux violents remous de trahisons,

Lutter contre les houles de déstabilisations.

Si tu renonces à vouloir continuer à nager,

Tu sombres dans les abysses du danger.

Surpasse tes crampes et douleurs oppressantes,

Persévère face aux incessantes déferlantes,

Pour atteindre tes objectifs, après tant d'efforts,

En arrivant finalement à destination, à bon port.

La vie est un vélo

Au commencement, assis, maman te pousse dans le dos,
Genèse de ta vie, tu es un petit enfant qui grandit crescendo.

Tu te lances, sécurisé par des roulettes qui te stabilisent,
Tu découvres la vie avec une hésitation qui te fragilise.

Tu roules seul, tu ne ressens plus le besoin d'être accompagné,
Tu es adulte, tu guides et conduis ta vie avec ta seule volonté.

Tu escalades le dénivelé ardu de cette haute montagne,
Les épreuves de la vie, n'abandonne pas, joue la gagne.

Tu ne veux plus avancer en solo, tu pédales sur un tandem,
Tu fondes un foyer avec la femme que tu aimes.

Le vélo représente vraiment le quotidien de la vie,
Ne renonce jamais à rouler, persévère, c'est un défi,
L'existence n'est pas toujours une ligne droite paisible,
Mais après la montagne, la descente devient visible.

La route de la vie

Joyeux sur l'autoroute de mon enfance,

Roulant sans me soucier de mon existence,

J'oublie que le temps passe, je prends de l'âge,

Et je dois assumer cette dette au péage.

Parfois, la vie me conduit sur un carrefour de doutes,

Je souhaite choisir la bonne direction, une paisible route.

Je n'utilise pas de GPS pour décider de mon chemin,

Le destin me guide, en espérant chaque jour un lendemain.

Itinéraire d'un rêve

Assouvir un rêve, c'est comme une destination en voiture.

Parfois on arrive plus tard qu'à l'horaire initial prévu.
On n'accomplit pas forcément son rêve en temps voulu.

Parfois des bouchons ralentissent notre parcours.
Ça ne se déroule pas comme on le souhaiterait tous les jours.

Parfois il faut changer son itinéraire à cause de déviations.
Le chemin de la réussite passe par des remises en question.

Parfois, on se trompe malheureusement d'itinéraire.
Il n'est jamais trop tard pour repartir dans le sens contraire.

Parfois, de petits accidents ou des pannes nous contrarient.
N'abandonne jamais, il y a parfois des accrocs, ainsi va la vie.

Respecte le Code de la route et les autres conducteurs.
Pour parvenir à tes fins, agis avec loyauté et honneur.

Bonne route dans tes rêves.

Notre religion

Ma religion n'a pas de nom.

Ma religion n'est pas un démon.

Ma religion n'a pas de couleur.

Ma religion ne se revendique pas la meilleure.

Ma religion prône la tolérance.

Ma religion ne se soucie pas de l'apparence.

Ma religion est attachée au respect.

Ma religion désire la paix.

Ma religion chante l'amour.

Ma religion est amour.

Ma religion n'a pas de nom.

Ma religion, j'espère que tous, nous la partagerons.

L'histoire

Je ne marquerai sûrement pas l'Histoire,

Mais j'écris au quotidien mon histoire.

Chaque matin j'entame une nouvelle page,

En évitant les ratures et dérapages.

J'espère chaque jour ne pas écrire le mot « Fin »,

Afin de ne pas rejoindre trop tôt le monde des défunts.

Le scénario de ma vie n'est pas parfait,

Mais mes erreurs se conjuguent à l'imparfait.

Le présent est une chance permanente,

De changer le futur et sa destinée étonnante.

Expérience personnelle

J'aime ma vie avec ses erreurs.

J'aime ma vie avec ses douleurs.

J'aime ma vie avec ses trahisons.

J'aime ma vie avec ses mauvaises décisions.

Suis-je sadique à ce point ?

Ai-je fumé un joint ?

Non, car les mauvais instants de ma vie,

Ont forgé la personne que je suis.

S'aimer

Tu es mon plus grand supporter,

Mon meilleur ami sur Terre.

Tu ne saigneras jamais mes artères,

Tu ne me laisseras jamais parterre.

Grâce à toi, je n'ai jamais été célibataire,

Nous sommes unis comme les mousquetaires.

Sache que je t'aime,

Toi qui es moi-même.

La colère

Elle sommeille au plus profond de moi,
J'ignore pourquoi je ne la contrôle pas.
Elle explose tel un volcan en éruption,
Et sème autour de moi la destruction.

Ce sentiment sombre qu'est la colère,
Demeure heureusement éphémère,
Mais, les paroles, de vraies sentences,
Ne s'éteignent pas sans conséquences.

La colère engendre des actes offensants,
Douloureux comme des coups blessants.
Elle s'impose parfois comme une nécessité,
Afin de résoudre les longs conflits enlisés.

Façonnée par les innombrables contrariétés,
Et toutes les blessures accumulées du passé,
Je déteste ressentir son désir de manifestation,
J'angoisse de connaître le résultat de son action.

Tu es l'ennemi juré de la joie et de la sérénité,
Mais ta puissance nous impose de te respecter.
Nous lutterons pour te contenir et te séduire,
Et ta fourberie finira de nouveau par nous trahir.

Le doute

Assis confortablement devant mon écran,
J'écrivais mon histoire, paisiblement,
Afin de finaliser mon premier roman.
Tu as débarqué subitement devant moi,
Tel un invité que l'on n'attendait pas,
Tes yeux rieurs me plongèrent dans le froid.

Qui es-tu, demandais-je avec stupéfaction ?
Je suis « le doute », l'ennemi de ton inspiration,
La peur de la page blanche incarne ta malédiction.
Si j'étais à ta place, j'abandonnerais ton projet,
Car ce que tu écris sera synonyme de rejet,
Les lecteurs te restitueront des quolibets.

Impressionné dans un premier temps,
J'ai soutenu ton regard répugnant,
Je ne plongerai pas dans le néant.
Désormais, sache que je ne te redoute,
Car tu me pousses coûte que coûte,
À me surpasser face à toi, « cher doute ».

Le doute guette

Dissimulé derrière sa cachette,

À l'affût, le doigt sur la gâchette,

Il me guette avec un sourire de méfait,

Espérant que je déclare forfait,

Que je trahisse mon formidable don,

En choisissant la voie de l'abandon,

Il me surveille à chaque instant, je le redoute,

Pourtant il me pousse à me surpasser, le doute.

Désespoir-Espoir

Du haut de cette falaise, je contemple les vagues violentes.
Elles se fracassent sur la côte telle des déferlantes.
Mon heure est venue, l'ultime de ma sombre existence.
Cette succession d'évènements douloureux incarne ma dernière danse.
Une longue chute marquera la séparation entre mon corps et mon âme,
Mon esprit ne supporte pas la trahison engendrée par cette femme.
Je l'aimais tellement, comment a-t-elle pu me poignarder lâchement ?
Je n'accepte pas l'idée qu'elle fréquentait un homme, un amant.

J'ai été licencié de mon travail pour des raisons économiques,
Je ne peux plus assurer le payement de mon loyer, c'est tragique.
J'ai tenté de voler dans un magasin pour subvenir à mes besoins,
Je me suis disputé avec mon ami en échangeant des coups de poing.
J'ai sombré dans l'alcoolisme et la consommation de stupéfiants.
J'ai perdu confiance en tout le monde, je suis devenu méfiant.

Je m'apprête à commettre l'irréparable, j'assume mon choix.
Je suis prêt à sauter, je regarde le soleil une dernière fois.
J'ai alors entendu tes paroles qui s'adressaient à moi.
Tu m'as demandé de garder en toutes circonstances la foi.
J'ai renoncé définitivement à mettre fin à mes jours.
J'ai compris, Mon Dieu, que tu serais là pour toujours.

C'est quoi l'espoir ?

L'espoir,

C'est un matin nouveau après un mauvais soir.

L'espoir,

C'est ne pas craindre l'océan même sans nageoires.

L'espoir,

C'est la lumière qui dissipe le sombre noir.

L'espoir,

C'est se battre pour ne jamais se dire au revoir.

L'espoir,

C'est tenter de changer le cours de l'histoire.

L'espoir,

C'est admettre ses nombreux déboires.

L'espoir,

C'est renfermer ses échecs dans une armoire.

L'espoir,

Il est en nous, il suffit juste de vouloir y croire.

Croire en soi

Parfois mon esprit est envahi par la peur,

J'aimerais l'abattre avec un fusil de sniper.

Parfois mes pensées sont remplies de craintes,

J'aimerais les anéantir, qu'elles finissent éteintes.

Parfois mes actions sont freinées par le doute,

j'aimerais l'affronter en duel et le mettre kapout.

Mais parfois, je crois en moi, en ma force,

Le succès, il ne tient qu'à moi qu'il s'amorce.

Toujours croire en soi

Face à l'adversité,

Présente pour l'éternité,

Garde ta sérénité,

À perpétuité,

C'est une nécessité.

Change de mentalité,

Affronte la réalité,

Tu as des qualités,

Et des capacités,

Pour atteindre la finalité,

D'un succès mérité.

Croire en la vie

Parfois, la vie est un chemin de croix,

Parfois, la vie est dure,

Mais en cette vie, je crois,

Alors j'ai envie que cette vie dure.

Sois fière

Moquée pour ton apparence,

Jugée pour tes différences,

Assommée par des remontrances,

Critiquée pour tes croyances.

Choisis la persévérance,

Retrouve ta confiance,

Adopte l'attitude de l'ignorance.

Tu es une belle personne, c'est une évidence.

Le bonheur

Rêve d'une vie meilleure,

Pourquoi systématiquement partir ailleurs ?

Le bonheur est parfois taquin,

Un tantinet coquin,

Il se plaît à jouer à cache-cache,

Rusé comme un apache.

Ouvre tes yeux, il est là, visible,

Il désire ton bien et t'extraire du nuisible.

Trahison

Subir les affres de ta trahison,

Est comme si tu arrachais les pétales de ma floraison.

Subir ton caractère méprisant,

Est comme si tu me piétinais dans les champs.

Subir ton attitude délétère,

Est comme si tu me cueillais et me jetais violemment à terre.

Trahison soudaine

Pourquoi cette soudaine trahison ?
C'est comme si tu m'avais jeté en prison !
Pourquoi ce violent coup de poignard ?
Tu m'as condamné et je suis tel un bagnard !

Ta gentillesse agissait avec contradiction,
Tu incarnes un serpent, une malédiction.
Tu ondulais devant moi pour me charmer,
Et je me suis laissé bêtement désarmer.
Tu me fixais droit dans les yeux,
Pour mieux me mentir, c'est odieux.
Et, finalement tu m'as mordu avec férocité,
Répandant ton venin avec atrocité.

Effondré, je gisais parterre, totalement abasourdi,
Ta subite trahison imprévisible m'a étourdie.
Rassure-toi, je ne crierai pas « vengeance »,
Car je suis enfant de Dieu, c'est ma chance.

Le pardon

Pardon pour mes méfaits,

Je ne suis pas parfait.

Pardon pour ne pas te comprendre,

J'ai tellement à apprendre.

Pardon pour t'avoir offensé,

J'ai mal interprété tes pensées.

Pardon pour mon côté moqueur,

J'ai blessé ton cœur.

J'implore humblement ton pardon,

De notre relation, ne coupons pas le cordon.

Pardonner

T'avoir tout donné,

Et finir abandonné.

Devrais-je fredonner,

Des paroles pour te pardonner ?

Je le pense, j'aspire à une vie ordonnée,

Car à Dieu, je me suis adonné.

Adieu

Je regarde tes larmes gorgées de tristesse.
Impuissants, mes mots ne seraient que maladresse.
Je me sens incapable de consoler ton chagrin,
Nous ne voyagerons plus ensemble, c'est certain.
Je quitte définitivement mon corps, mon âme s'envole.
Je t'abandonne à ton sort, tu restes clouée au sol.
Tu ne supportes pas de composer avec mon absence.
Sois heureuse, ma maladie ne me causera plus de souffrances.

C'est la fin

Lorsque je déposerai les armes,

Et verserai ma dernière larme.

Lorsque tu verras mon corps qui tombe,

Et que tu contempleras ma tombe.

Même si de battre cessera mon cœur,

Je ne doute pas que tu me garderas dans ton cœur.

La souffrance

Seul dans l'ombre,

Ma joie dans la pénombre.

Au fond du gouffre,

Personne ne voit que je souffre.

Perdu dans mes pensées,

Dans cette vie insensée.

J'appelle au secours.

Seras-tu mon ultime recours ?

Le sourire

Un sourire apporte de la chaleur,

Un sourire transmet du bonheur,

Un sourire exprime un sentiment fort,

Un sourire procure du réconfort.

Mais un sourire peut-être aussi une façade,

Qui abrite un cœur souffrant et malade.

Un sourire incarne parfois une porte blindée,

Qui dissimule un cœur meurtri et blessé.

La renaissance

Les deux genoux à terre,

Les lèvres dans la poussière.

Mais la terre est comme une mère,

Elle panse les blessures de ma chair,

Les douleurs restent éphémères,

Je ne perdrai jamais cette guerre.

L'espoir me guide par sa lumière,

Mon avenir radieux gravé dans la pierre.

La fatalité

Je pourrais opter pour la facilité,

Et me résigner à accepter la fatalité.

Mais je préfère choisir la difficulté,

Et mettre à l'épreuve ma volonté.

J'ai décidé de poursuivre le combat,

Même si je dois être passé à tabac.

J'ai en moi la force du mamba,

Prêt à tomber les armes à la main, ici-bas.

L'échec peut me toucher de la pointe du fleuret,

En toutes circonstances, je me relèverai,

Car je ne veux jamais nourrir de regrets,

J'aurais la tête haute quand je mourrai.

Déception

Nous subissions parfois des déceptions et des blessures,
Et nos sombres pensées entretiennent ces cassures.

Mais ne négligeons pas le pouvoir de notre cœur,
Il détient la faculté de détruire nos rancœurs.

Car, tel le phénix, le cœur renaît des cendres du temps révolu,
Pour raviver la flamme et la forger d'une puissance absolue.

Désillusion

Ce soir, je suis en colère, j'enrage.

J'ai été victime d'un terrible mirage.

Notre relation reste un court-métrage.

Sur tes pensées, j'ai tenté un forage,

Et mon cœur a subi un violent orage,

Car tu as construit entre nous un barrage.

Mes illusions perdues ont fait naufrage,

Il temps d'enclencher le redémarrage.

Je me relèverai avec mon courage,

Et ma vie amorcera un nouveau virage.

Tendre la main

Submergé par la mélancolie,

Terrassé par le monde et sa folie,

Je gis à terre, amorphe et aphone,

Piétiné comme une vulgaire feuille d'automne.

Les passants ne baissent pas leurs regards vers moi,

Ma situation ne met personne en émoi.

Je crie inlassablement « au secours »,

Puis, je te vois, tu incarnes mon ultime recours.

Tu me rassures et ne veux pas me voir souffrir,

Tu désires m'aider à retrouver le sourire.

À toutes ces personnes au grand cœur,

Vous êtes des âmes d'une immense valeur.

L'emprise psychologique

Je te considérais comme l'amour de ma vie,
Tu t'es transformée en cauchemar de mes nuits.
Je t'ai ouvert les portes secrètes de mon cœur,
Et tu en as profité pour y semer la terreur.

J'étais considéré comme quelqu'un de joyeux
Mais tu as fait de moi une personne déprimée.
Ton attitude manipulatrice me rend malheureux,
Tu as semé des idées noires dans mes pensées.

Je te faisais confiance, tu m'as transmis du tourment,
Tu as lâchement joué avec mes sensibles sentiments.
Ne te réjouis pas, car la roue finira par tourner un jour,
Tu regretteras ton comportement destructeur, pour toujours.

Je redeviendrai la personne qui me caractérisait,
Plus jamais tu ne m'influenceras par ton emprise,
Et tu sombreras à ton tour, rongé par tes méfaits,
Car la vie est mystérieuse et remplie de surprises.

Avenir

Je rêve et envisage un avenir,

Pour concrétiser les projets à venir,

Car quelqu'un je veux devenir,

Et laisser de bons souvenirs,

On verra bien ce qu'il va advenir,

L'important est de se battre pour y parvenir.

La liberté

Nos anciens se sont battus pour qu'on l'obtienne,
Nous luttons aujourd'hui pour qu'elle se maintienne.
Si fragile, ton nom fait l'objet de combats incessants,
Qui se perpétueront jusqu'à la fin de la nuit des temps.

Ta définition et ton application génèrent une contradiction,
Car savourer ton privilège procure aussi des interdictions.
De nos frères et sœurs, nous devons honorer leurs libertés.
Le respect nous impose de ne pas pouvoir tout nous autoriser.

Jouir de la liberté, c'est finalement trouver un juste cadrage,
Afin que tous les hommes puissent vivre en harmonie,
Mais la cupidité de l'être humain est d'en vouloir davantage,
Et d'écraser violemment ses semblables à n'importe quel prix.

La liberté est un droit qui implique des devoirs.
La liberté est un combat perpétuel de l'histoire.

Fausse amitié

Nos mains semblaient liées,

Notre destin solide et relié.

Bonheur d'une vie partagée,

Jusqu'à que l'on devienne âgés.

Le malheur est subitement apparu,

Tu as inexplicablement disparu,

Me laissant seul dans une période éprouvée.

Tu n'étais pas une vraie amitié, tu me l'as prouvé.

Tu es parti

J'étais là quand quand tu passais ton temps à réfléchir.

J'étais là quand ta volonté était en train de fléchir.

J'étais là à chaque instant pour te soutenir.

J'étais là pour te motiver à tenir.

Je n'attends absolument rien en retour.

Je n'attends pas que ta bienveillance m'entoure.

Je n'attends pas tes mots d'encouragements.

Je n'attends rien de toi, étrangement.

Car tu as disparu, tu n'es plus là.

Je ne suis plus rien pour toi.

Tu m'as effacé subitement de ta vie.

De mon amitié, tu n'avais sûrement plus envie.

Mais le meilleur je te souhaite de tout cœur,

Car je me refuse de nourrir de la rancœur.

La paix

Tu es un mot vraiment magnifique,
Mais tu sembles tellement utopique,
Car ton nom est sali chaque jour,
Tu es mis à l'épreuve pour toujours.

Tu es l'ennemi et l'opposé de la guerre,
Qu'il faut hélas mener pour être prospère.
L'humanité scande ton nom à l'unisson,
Mais avec notre folie, nous te trahissons.

Tu représentes l'humilité dans toute sa splendeur,
Te côtoyer engendre l'amour et le bonheur.
Du haut de tes quatre petites lettres, tu es si fragile,
Ta légitimité malmenée ne tient qu'à un fil.

Tous ensemble, choyons la paix.
Chacun de nous, soyons la paix.
Malgré nos ego, sauvons la paix.
Et d'une seule voix, crions la paix.

Et qu'éternellement, vive la paix !

Le jugement

Qui êtes-vous pour oser me juger ?
Qui êtes-vous pour ainsi vous exprimer ?
Vous pensez tellement me connaître,
Mais vous ne percevez que mon paraître.

Vous me condamnez pour mes actes,
Sans en deviner le but et sans tact.
Je ne me sens pas toujours compris,
Mais j'agis dans la volonté de ma vie.

J'assume les conséquences de mes choix,
Mais vous me critiquez, je ne sais pas pourquoi.
Je préfère m'attarder sur mon destin, mon existence,
Car vos langues de vipères restent sans importance.

Il est si facile de juger et de proférer des injures.
Mais, au lieu de vociférer des paroles remplies de blessures,
Je vous invite par commencer à vous remettre en question,
Famille, amis, qui que vous soyez, balayez devant votre maison !

Ô toi le tout puissant, Ô Mon Dieu !
Tu es l'unique et légitime à mes yeux,
Pour m'imposer ton juste jugement,
Ainsi que ton impitoyable châtiment.

Condamné

Les yeux gorgés de tristesse, je quitte mon dortoir,

Emprisonné à perpétuité pour une sombre histoire.

Mes pas lourds résonnent dans l'obscur couloir,

Je m'apprête à retrouver ma famille au parloir.

Je ne supporte pas de croiser le regard de mes enfants,

Je ne représente plus un père exemplaire, c'est étouffant.

Je désirais simplement vous mettre à l'abri du besoin,

Mais je vous ai apporté le malheur, car la prison j'ai rejoint.

J'espère du fond du cœur que vous me pardonnerez un jour,

Et que je ne porterai pas cet infernal fardeau pour toujours.

Réconciliation

Conflit sans fin,

Cesseras-tu enfin ?

Nos relations se sont tendues,

Il s'agissait peut-être d'un malentendu.

J'ignore avec le temps qui passe,

La raison de cette querelle qui nous dépasse.

Alors, pardonne-moi du fond du cœur,

Et reprenons notre histoire sans rancœur.

<u>Ne me jalouse pas</u>

Quand j'étais au plus bas,
Tu m'as soutenu dans mon combat.

Quand j'ai commencé à connaître la réussite,
Tu m'as jalousé et pris la fuite.

Tu souhaitais te sentir supérieur,
Mais je me bats juste pour une vie meilleure.

Dans mon cœur, tu es toujours convié,
Car tu n'as pas à m'envier.

La roue tourne

Ma situation ne peut être guère pire,

Acharné contre moi, tu conspires.

Tu m'as mordu tel un vampire.

Désormais, à l'amélioration j'aspire,

Et c'est toi qui finiras par déguerpir,

Te réfugier dans ta cachette, pour t'y tapir.

Plus jamais je ne pousserai de soupire.

Certes, je ne posséderai jamais d'empire,

Mais la vie continue tant que je respire.

Le miracle

Ma vie est remplie d'obstacles,

Et d'ennemis qui me taclent.

Quel triste spectacle !

Alors je me protège dans mon habitacle,

À l'écoute de mon précieux oracle,

Qui me guide pour faire de ma vie un miracle.

La santé

La santé est un bien précieux,

Mais le corps humain mystérieux,

Est parfois inexplicablement capricieux.

La maladie frappe à tous les âges,

Commet de tristes ravages,

Et de terribles dommages.

Nous ne pouvons comprendre vos souffrances,

Mais vous luttez pour toujours croire en l'espérance,

Vous êtes des modèles de persévérance.

À toutes les personnes victimes de graves maladies,

Ce texte, même si ce ne sont que des mots, je vous le dédie,

Parce qu'il est inconcevable que l'on vous oublie.

Neuvième recueil

Les évènements de l'année

Introduction

Du jour de l'an au réveillon de la Saint-Sylvestre, les 365 (ou 366) jours de l'année sont rythmés par des événements incontournables : la Saint-Valentin, Pâques, les quatre saisons, la fête des Mères, des Pères, Halloween, Noël, les anniversaires et j'en passe.

Ces journées festives sont des occasions rêvées pour composer des poèmes.

Ce chapitre va vous faire voyager et écouler une année en quelques minutes. Douze poèmes vous attendent. Douze, comme le nombre de mois. Un poème par mois avec le moment marquant pour chacun d'entre eux.
Passer de janvier à décembre ne vous aura jamais semblé aussi rapide. Rassurez-vous, vous n'allez pas vieillir aussi vite.

J'espère que vous apprécierez cette petite balade calendaire.

Janvier - Jour de l'an

Une nouvelle année commence,
Avec ses nombreuses espérances,
De nouveaux projets à concrétiser,
Et tant de bons vœux à exaucer.

L'année achevée se range au rayon des souvenirs,
On se remémore le bon comme le pire.
C'est l'heure aussi du bilan, de l'audit,
De contempler ses échecs et ses réussites.

Je vous souhaite une merveilleuse année,
Remplie de bonheur, de joie et de sérénité,
Ainsi que la paix à l'intérieur de vos foyers,
La santé et du succès dans vos projets désirés.

Je vous souhaite d'écrire une belle histoire,
Avec un scénario qui vous mènera à la victoire,
Car nous méritons tous de connaître la gloire,
Le tout est de se battre et de toujours y croire.

Février - Saint-Valentin

Tu réchauffes mon cœur,
Tu refroidis mes douleurs.

Tu éclaires mon existence,
Tu éteins mes souffrances.

Tu guides ma route,
Tu me dévies de mes doutes.

Je t'aime chaque matin,
Joyeuse Saint-Valentin.

Mars - Printemps

Youpi, c'est le printemps !

Les arbres s'habillent de magnifiques feuillages,

Les sols se tapissent de fleurs aux multiples ramages.

Youpi, c'est le printemps !

Le soleil réapparaît et se montre à nouveau charitable,

Les températures deviennent vraiment agréables.

Youpi, c'est le printemps !

La saison des barbecues redémarre enfin,

Finies les raclettes, de grillades j'ai faim.

Avril - Pâques

Pâques, c'est la chasse aux œufs, mais **pas que**…

Pâques, c'est l'occasion d'un bon repas, mais **pas que**…

Pâques, c'est la joie des adeptes du chocolat, mais **pas que**…

Pâques, c'est la célébration de la résurrection du Christ.

Joyeuses Pâques à tous !

Mai - Fête des mères

Dame Nature a confié cette responsabilité aux femmes,
Elles l'acceptent, sans rechigner, c'est gravé dans leur âme.
Nullement besoin pour elles d'être sorcières ou magiciennes,
Le pouvoir d'engendrer la vie vient des lointaines nuits anciennes.

Nous les hommes, nous nous imaginons tellement puissants,
Soyons honnêtes, nous ne supporterions pas l'accouchement.
J'admire les femmes pour cette capacité à encaisser ces douleurs,
jusqu'à que le nouveau-né émette ses premiers cris et pleurs.

La maternité est un don, un incroyable cadeau merveilleux.
La Terre a été peuplée par la répétition de ce miracle éternel.
La maternité nous oblige à nous montrer très respectueux,
Car nous avons tous été conçus dans la chaleur maternelle.

Bonne fête à toutes les mères.

Juin - Fête des pères

Être père est le concert d'une vie,

La plus merveilleuse des symphonies.

Être père c'est imprimer une cadence,

Pour élever nos enfants lors de la croissance.

Être père c'est se montrer irréprochable,

Même si parfois de fausses notes nous accablent.

Être père c'est incarner un chef d'orchestre,

Pour guider nos trésors dans la vie terrestre.

Bonne fête des Pères.

Juillet - Départ en vacances

Les valises rangées, le coffre de la voiture est rempli.

C'est parti ! La musique résonne dans les amplis.

L'enthousiasme atteint un haut niveau d'excitation,

Mais, l'impatience multiplie les pénibles sollicitations :

« Papa, c'est quand qu'on arrive enfin à la plage ? ».

Les bouchons sur la route s'en mêlent, j'ai la rage !

La faim se manifeste, commence la galère des aires de repos,

Où les vacanciers s'entassent comme dans un entrepôt.

Après la pause, on avance toujours à la vitesse d'une limace,

La clim tombe en panne, le soleil brûle. Ça m'agace !

Finalement, nous parvenons à destination avec le sourire,

Les vacances débutent avec ces inoubliables souvenirs.

Août - Canicule d'été

La lourde chaleur du soleil m'accable,

Indifférente, la canicule est implacable.

Mais, le vent se réveille au large,

Des nuages apparaissent à la marge.

Les vagues se déchaînent sur le littoral,

L'orage échauffe sa voix telle une chorale.

Le ciel s'est assombri, le spectacle commence.

Les éclairs illuminent le ciel de démence,

Le tonnerre assourdissant procure du tracas,

Tandis que la grêle s'abat avec fracas.

Le terrible orage calme enfin sa colère,

Je retourne à la plage, tartiné de crème solaire.

Septembre - La rentrée des classes

C'est la rentrée,

Fini de bronzer.

Sortez vos stylos,

Et vos stabilos.

Rangez vos claquettes,

Et vos casquettes.

Il est temps d'étudier,

Pour tous les écoliers.

Octobre - Conte d'Halloween

L'automne est désormais installé dans nos contrées,
Les feuilles mortes séchées tapissent les chaussées.
La pluie et le vent ont remplacé le soleil et l'été,
Les jours raccourcissent au profit de l'obscurité.

Excités, les enfants définissent le costume de soirée,
Et réclament des maquillages hideux pour effrayer.
Ils s'apprêtent à défiler fièrement dans les quartiers,
Espérant récolter une multitude de friandises rêvées.

Au cours d'une longue soirée des plus angoissantes,
Les parents se plaisent à conter des histoires glaçantes,
Qui s'achèvent toujours dans des tragédies sanglantes,
Pour pousser les chérubins dans des peurs hurlantes.

Dans cette contrée reculée aux paysages magnifiques,
Existe une histoire légendaire séculaire et maléfique,
Qui engendre annuellement des débats polémiques,
Car liée à des prédictions de magies prophétiques.

Les autorités locales tentent d'annihiler ce mythe,
Source de fantasmes concernant d'anciens rites.
Ils souhaitent protéger une population néophyte,
Pas préparée pour subir une malédiction prédite.

Novembre - Feuille d'automne

Pour toi le glas sonne,

Petite feuille d'automne,

Petite feuille éphémère,

Tapissant l'originelle terre,

De tes multiples couleurs,

Virevoltant tout en douceur.

Décembre - Noël

Chaque 25 décembre, le même rituel,

Pour fêter ce jour magique qu'est Noël.

Les enfants découvrent enfin leurs présents,

Sous les yeux enamourés de leurs parents,

Qui se remémorent avec émotion le passé,

D'ouverture de cadeaux tellement désirés,

À l'ombre d'un sapin aux guirlandes scintillantes,

Et de multiples boules colorées et brillantes.

Noël, c'est aussi le moment de savourer de bons repas,

De déguster de la dinde, du saumon et du foie gras,

De se retrouver autour d'une grande table familiale,

Et de remplacer les soucis par une ambiance joviale.

Mais Noël, c'est également penser aux plus démunis,

C'est un temps de partage pour ne pas tomber dans l'oubli.

Joyeux Noël à vous et à tous ceux qui vous sont chers.

Joyeux Noël, et que la joie envahisse vos chaumières.